Liebe Leserin, lieber Leser,

„Das sind ja italienische Verhältnisse bei euch", rief Stefano Scatà halb lachend, halb empört ins Telefon. Er ist seit Jahren unser Lieblingsfotograf für sinnliche Küchen- und Food-Strecken – und ein so gut organisierter Profi, dass er Bildredakteurin Anja Jöckel und mich italienischer fand als sich selbst, weil wir mehrfach die Listen fürs Fotoshooting geändert, immer wieder die Termine verschoben haben.

Was ist deutsch, was ist italienisch? Diese Frage stellt sich in Südtirol oft. Die zweisprachige Region vereint das Beste aus beiden Kulturen, finden wir Gäste: Italienische Küche, Lebensart und Eleganz, dazu österreichisch-deutsches Lebensgefühl, die uns vertraute Sprache. Urlauber lieben diese Kombination, für Südtiroler scheint sie ein nicht immer leicht zu vereinbarender Gegensatz zu sein. Wir haben die Schriftstellerin Selma Mahlknecht gefragt, ob Südtiroler nicht eigentlich die besten Europäer sein müssten, warum manche von ihnen nicht gern Italienisch sprechen und warum sie selbst so an ihrer Heimat hängt (S. 28).

Aber wer in den Ferien den charmanten Alltag und die grandiose Bergwelt Südtirols erlebt, für den spielt die Nationalität meist gar keine Rolle. Etwa bei der Gletschertour für die ganze Familie, die von der Zufallhütte auf 3330 Meter führt (S. 44). Beim Bummel durch Meran (S. 58) oder beim Konzert einer der vielen Blaskapellen Südtirols, in denen junge Musiker die Tradition mit Temperament entstauben (S. 100). Und natürlich auch beim Essen in Italiens höchstgelegenem Sterne-Restaurant oder beim Nachkochen der Rezepte von Heinrich Schneider, die Stefano Scatà nach allen Terminänderungen wieder gekonnt in Szene gesetzt hat.

Ihnen viel Spaß beim Blättern, Lesen, Staunen und Genießen mit unserem zweiten Südtirol-Extraheft.

Herzlich Ihre

KORNELIA DIETRICH
Geschäftsführende Redakteurin

„Alla salute!" Stefano Scatà und Koch Heinrich Schneider nach der Fotosession

INHALT

DA WÄCHST WAS HERAN. Drei junge Winzer produzieren auf ihren alten Familiengütern revolutionäre Tropfen. *Seite 112*

SCHWIMMEN, SCHLUMMERN, SCHLEMMEN. In Südtirols Hotels wie dem Bozner „Gasthof Kohlern“ sind Genießer ganz in ihrem Element. *Seite 30*

DIE SONNENSEITE DER ALPEN. An den Felswänden der Geislerspitzen lernte Reinhold Messner das Bergsteigen. Weitere magische Ausblicke ab *Seite 16*

ABENTEUERSPIELPLATZ. Gletscher besteigen, sich an steilen Felswänden abseilen: So machen die Berge Eltern und Kindern Spaß. *Seite 44*

MIT CHIC UND CHARME. Sisis Lieblingsstadt Meran ist mehr als nur einen Tagestrip wert. Mit alpiner Eleganz und Mittelmeer-Flair verlockt sie zum Bleiben. *Seite 58*

HÖRT, HÖRT! Südtirols Musikkapellen tragen Tracht, doch sie spielen ganz im Takt der Zeit. *Seite 100*

SÜDTIROL

FÜR GENIESSER 2010

6 **Aperitivo:** Kultur, Kosmetik, Krachledernes – Souvenirs und andere Geheimtipps

14 **Termine:** Was Sie 2010 nicht verpassen dürfen

16 **Bilderbogen:** Südtirols grandiose Bergwelt

28 **Interview:** Schriftstellerin Selma Mahlknecht über ihre widersprüchliche Heimat

30 **Hotels:** Attraktive Adressen von Bozen bis Bruneck

42 **Familienhotels:** Entspannte Eltern, glückliche Kinder

44 **Eiszeit:** Einmal Gletscher und zurück – mit Kindern unterwegs an der Ortler-Gruppe

54 **Bergtouren:** Lieber steil oder gemächlich?

58 **Stadtporträt:** Merans milde Schönheit

68 **Spitzenküche:** Kräuterkoch Heinrich Schneider

74 **Rezepte:** Alpengerichte zum Nachkochen

84 **Menschen:** Fünf Südtiroler, die ihrer Heimat eigensinnig alle Ehre machen

94 **Restaurants:** Von Pizza bis Gourmet-Küche

100 **Blaskapellen:** Die Jugend gibt den Ton an

112 **Winzer:** Vom Newcomer zum Star

120 **Wein:** Die besten Güter des Landes

124 **Ferienhöfe:** Ob traditionell oder modern – perfekte Adressen für schöne Urlaubstage

138 **Sport:** Reiten, Surfen, Golfen – Sie haben die Wahl

140 **Museen:** Ötzi, moderne Kunst und mehr

144 **Buchtipps:** Die schönsten Seiten des Landes

146 **Impressum/Bildnachweis**

146 **Zum Herausnehmen:** Große Karte mit 256 Tipps – dort finden Sie mithilfe der Ziffern jede Adresse aus dem Heft

REZEPTE

Gelierte Ravioli mit Tunfisch (Foto links) 75
Variation vom Sarner Kaninchen 76
Kalbszunge mit Gutem Heinrich 77
Zanderfilet mit Möhrenschaum 78
Zwischenrippenstück vom Sarner Grauvieh 79
Schwarze Tagliolini mit Oktopus 80
Praline vom Blauschimmelkäse 81
Apfeltarte mit Gundelrebe-Eis 82

TITEL: CLEMENS ZAHN FOTOGRAFIERTE LANGKOFEL UND PLATTKOFEL HINTER DER SEISERALM

Frische Häppchen – Vorgeschmack

Zwischen allen ... nein, den Kalauer sparen wir uns. Obwohl die Wahl des passenden Stuhls angesichts der bunten Vielfalt der Entwürfe von Konstantin Grcic schwer fällt. Der Münchner Designer hat sich für unser Foto auf seinem Kunststoff-Freischwinger „Myto“ niedergelassen, der nicht nur bequem ist, sondern auch berühmt: Er wurde in die Design-Sammlung des New Yorker Museum of Modern Art aufgenommen. Was das alles mit Südtirol zu tun hat? Dort werden Grcics Möbel hergestellt

auf Südtirol

TEXT: **ANNETTE RÜBESAMEN**

SCHWEBETEILCHEN

SEILBAHNEN Schon vor hundert Jahren fuhren die Bozner auf den Ritten in die Sommerfrische – damals noch mit der Zahnradbahn. Die wurde 1966 durch eine Luftseilbahn ersetzt, die sich über 950 Höhenmeter hinauf bis nach Oberbozen schwang. Seit 2009 verbindet nun eine hypermoderne Umlaufbahn mit acht Kabinen Bozen mit seinem Hausberg: ein Hightech-Erlebnis! Die Gondeln bieten reichlich Sitzgelegenheiten und sind passend zu den Weinbergen in „Magdalener-Rot" gestrichen. In Oberbozen ist allerdings Schluss: Zur Weiterfahrt nach Klobenstein wird in die gute, alte Schmalspurbahn umgestiegen.

1 **RITTNER SEILBAHN,** *Bozen, www.ritten.com; 2,50 € bis Oberbozen, Kombiticket bis Klobenstein 5 €*

Myto

Monza

Miura

SITZENBLEIBER

DESIGN Weinberge, romantische Gassen und eine gotische Dorfkirche prägen das hübsche Städtchen Auer – und seit 1893 auch die Möbelfabrik Plank. Das Traditionshaus ist längst in der Gegenwart angekommen. Es produziert modernes Design, unter anderem drei Stuhlentwürfe des Münchner Großmeisters Konstantin Grcic. Der stapelbare Barhocker „Miura" und der Kunststoff-Freischwinger „Myto" (Bild links) wurden mehrfach prämiert und sogar in die Design-Sammlung des New Yorker Museum of Modern Art aufgenommen, der bequeme Armlehnstuhl „Monza" hat ebenfalls das Zeug zum Klassiker. „Miura" wirkt filigran, doch sein Komfort animiert zum Sitzenbleiben: Im nahen Tramin, im Lokal „Hofstätter Garten", erklimmen täglich Bauern im blauen Schurz die Hocker, um in aller Ruhe die Zeitung „Dolomiten" zu lesen. 2 **PLANK COLLEZIONI,** *Auer, Nationalstr. 35, Tel. 0471-80 35 00, www.plank.it*

Expresso

FILMREIF

AUSFLUGSZIEL Holzbalken und Geranien, Türmchen und Wetterhahn – auf der Tuffalm unter dem mächtigen Schlern könnte man gut einen Heimatfilm drehen. Die Einheimischen wählten sie 2007 zur schönsten Alm Südtirols. Es gibt Liegestühle, einen Streichelzoo, Schaukel, Sandkasten und hausgemachten Pflaumenkuchen mit Schlagrahm – angeblich Südtirols bester.

3 **TUFFALM,** *Völs am Schlern, Weiherstr. 31, Tel. 0471-72 60 90, www.tuffalm.it; Fußweg ab Parkplatz Völser Weiher ca. 30 Min.; April/Nov.–Weihnachten geschl.*

BAUMSTARK

NATURKOSMETIK Die Sarner Latsche wächst im Sarntal nicht nur in Höhen von bis zu 2400 Metern, sondern auch auf kargen Porphyrböden. Beides scheint dem genügsamen Krummholz besondere Kräfte zu verleihen: Das ätherische Öl aus Sarner Latschennadeln soll nicht nur gegen Muskelverspannung und Rheuma helfen, sondern auch gegen den Zahn der Zeit. Seine antioxidantische Wirkung verlangsame den Alterungsprozess der Haut, sagen die Sarner. Sie entwickelten die Pflegelinie „Trehs“: Die verschiedenen Körpercremes, Peelings, Gels und ein Shampoo kommen in den Spas ausgesuchter Südtiroler Hotels wie dem „Bad Schörgau“ und dem „Vigilius Montain Resort“ zur Anwendung. Bestellung: *www.trehs.com oder in deutschen Apotheken*

Gut Holz

KUNSTHANDWERK Die berühmte Holzschnitzkunst der Grödner hat längst industrielle Züge. Nun besinnen sich etwa 60 Bildhauer unter dem Namen UNIKA auf das echte Handwerk und fertigen wieder künstlerische Einzelstücke. Gezeigt werden die Unikate im September auf der Skulpturenmesse in St. Ulrich und ganzjährig in der Dauerausstellung „Galaria“.

4 **GALARIA UNIKA,** *St. Ulrich, Runggaditsch, Arnariastr. 9, Tel. mobil 339-179 22 27, www.unika.org; tägl. außer So 10–12, 14–19 Uhr; Messe-Termin 3.–5. September 2010; 6 €*

BOZEN-BLUES

VOLKSMUSIK „Blus'n auf!" Der CD-Titel des Herbert Pixner Projekts klingt zwar nach Bierzelt-Gaudi, doch sobald das Trio zum fetzigen „Russischen" ansetzt, wird klar: Die drei Passeirer Musiker haben mit volkstümlichem Geschunkel nichts im Sinn. Mithilfe von Tiroler Volksharfe, Kontrabass und der wehmütig singenden, steirischen Harmonika verwandeln Pixner and Friends klassische Polka und Landler in mitreißende Crossover-Kompositionen; Blues- und Jazz-Anleihen vermischen sich mit Balkanklängen. „Endlich coole Volksmusik!", jubeln die Fans auf Pixners Myspace-Seite.

HERBERT PIXNER PROJEKT, *„Blus'n auf!", Audio-CD, Bogner Records, 15,95 €*

INS WASSER, MARSCH!

FREIBAD Der Große Montiggler See ist eines dieser Natur-Kleinode, an die man erst glaubt, wenn man vor ihnen steht. Frisch und klar ist sein Wasser, betupft lediglich mit ein paar Ruderbooten. Selbst die Badeanstalt Lido Montiggl mit „Südtirols längster Wasserrutsche" passt ins Idyll: Statt sich als knallbunt-hässliche Plastikschlange durch die Luft zu winden, mäandert die Rutsche dezent zwischen Sträuchern und Felsblöcken den Hang hinunter. Der Kinderpool, das beheizte Becken, die Holzterrasse zum Sonnenbaden, der Sprungturm und das Restaurant machen das Sommerglück perfekt.

5 LIDO AM GROSSEN MONTIGGLER SEE, *Eppan, Montiggl, Montigglerstr. 55, Tel. 0471-66 17 07, www.montigglersee.net; 5,50 €/Erw., 2,80 €/Kind (bis 15 J.); Mitte Mai–Mitte September*

Schnupperangebot

BERGHEU Eine frisch gemähte Almwiese riecht köstlich – und das sogar in einer Zweizimmerwohnung. Südtiroler Heu, gemäht auf ökologisch bewirtschafteten Bergwiesen mit 40 bis 120 Pflanzenarten, kann man jetzt nämlich abgepackt kaufen. Verwendet wird es zum Kochen (ein Cremesuppen-Rezept liegt bei), als Tee, als Kissenfüllung oder Badezusatz. Oder einfach als Raumduft: Augen zu und von den letzten Ferien träumen!
6 **NIEDERSTEINHOF**, *St. Leonhard in Passeier, Schlattach Nr. 6, Tel. mobil 335-105 01 61, www.bergwiesenheu.com; ab 2,50 € pro Kilogramm, Mindestmenge 100 Gramm*

EINFACH HIMMLISCH

KIRCHENKUNST Wandeln auf den Spuren des Mittelalters – das kann man in Südtirol mit seinen vielen Burgen, Klostern und Kapellen besonders gut. Die 29 kunsthistorisch wichtigsten Stätten des Mittelalters wurden jetzt zu einer alpinen Straße der Romanik zusammengefasst. Sie trägt den schönen Namen „Stiegen zum Himmel“, denn sie führt vor allem zu sakraler Kunst. Das Kirchlein St. Prokulus von Naturns etwa beherbergt die ältesten Fresken des deutschen Sprachraums, in der Burgkapelle von Hocheppan in Missian zeigen die religiösen Wandmalereien aber auch weltliche Züge: Zu sehen ist eine Magd, die Knödel kocht.
www.stiegenzumhimmel.it

BLÜTENZART

KRÄUTERKUNDE Einst wuchs das empfindliche Edelweiß nur unerreichbar am Fels. Doch seit fünf Jahren gedeiht die Hochgebirgsblume auch in den Beeten der Familie Gluderer im Vinschgau: in mit Kalkstaub angereicherter Erde, getränkt von Martelltaler Gletscherwasser. Aus seinem Extrakt produziert die Familie die Pflegeserie „Plima“. Außerdem: Kräutersalze, Teemischungen und köstliche Honigspezialitäten.
7 **KRÄUTERSCHLÖSSL,** *Latsch, Goldrain, Schanzenstr. 50, Tel. 0473-74 23 67, www.kraeutergold.it*

SCHWEINEREI!

RÄUCHERSPECK 2008 wurden rund 2,5 Millionen Schweineschinken zu „Südtiroler Speck" verarbeitet – die meisten davon importiert und lediglich vor Ort geräuchert. Allein der sogenannte „Bauernspeck" stammt von einheimischen Schweinen, einer Kreuzung aus Duroc und Landrasse, die auf kleinen Höfen artgerecht und ohne Einsatz von Genfutter aufgezogen werden. Der Lohn: ein wunderbarer Speck mit sichtbarer Fettmaserung, ungewöhnlich mürber Konsistenz und feinem Aroma. Ein Leckerbissen, von dem die Einheimischen für den Export kaum etwas übrig lassen. Der Feinschmecker erkennt ihn am blauen Etikett.

8 SÜDTIROLER BAUERNSPECK, *z. B. in der Metzgerei von Pföstl Stefan, Alte Landstr. 33a, Algund, Tel. 0437-44 87 13, ab 19,80 € pro kg, www.speck.it*

DER DUFT DER GROSSEN, WEITEN WELT

PFLEGESERIE Ein Blick auf Reinhold Messners wettergegerbtes Gesicht lässt hoffen, dass der Südtiroler Extrembergsteiger selbst mal zu der unter seinem Namen aus Biokräutern hergestellten Kosmetik-Linie greifen wird. Die Gesichtscreme „Makalu" enthält Auszüge aus Edelweiß, der Badeschaum „Kangchendzönga" Melisse, Rosmarin und Lavendel. Auch die Parfüms tragen die Namen der Achttausender, die Messner bezwang: „Manaslu", „Nanga Parbat", „Hidden Peak" und „Mount Everest" sind bereits auf dem Markt – fast schon tollkühn, wie hier eine grandiose Bergsteigerkarriere bis zum letzten Tröpfchen versilbert wird.

9 MESSNER MOUNTAIN MOMENTS UND MAGIC, *an allen fünf Standorten des Messner Mountain Museums, www.messner-mountain-museum.it; z. B. in MMM Firmian (s. S. 140)*

RUHIGE RALLYE

OLDTIMERTREFFEN Eine gute Hundertschaft automobil-historischer Fahrzeuge tuckert jeden Juli nach Schenna bei Meran, sammelt sich dort zur Freude der Feriengäste am Marktplatz und schnauft dann eine Woche lang auf gemeinsamen Ausfahrten über Berg und Tal. Höhepunkt der Veranstaltung „Südtirol Classic" ist die Dolomiten-Rallye. Der Gewinner ist nicht etwa der Schnellste, sondern wer es schafft, in einer für ihn vorher festgelegten Zeit durchs Ziel zu röhren. Damit haben sogar historische Trecker eine Chance.

10 SÜDTIROL CLASSIC CLUB, *Schenna, Erzherzog-Johann-Str. 1d, Tel. 0473-94 56 69, www.suedtirolclassic.com; 4.–11. Juli 2010*

DER GUTE GEIST

BEERENSCHNAPS Wieso eigentlich erst nach der Mahlzeit? „Ein guter Preiselbeergeist", findet Stephan Unterthurner, „passt wunderbar zum Essen selbst, etwa zu einem feinen Wildbraten." Beerengeist ist das Spezialgebiet seiner Brennerei. Seit 63 Jahren werden im historischen Ansitz Priami in Marling die Wildbeeren der Umgebung in feinste Destillate verwandelt. Sanddorn und Wildschlehe, Holunder, Vogelbeere und Hagebutte sorgen für höchst aromatischen Gaumenkitzel.

11 PRIVATBRENNEREI UNTERTHURNER, *Marling, Anselm-Pattis-Str. 14, Tel. 0473-44 71 86, www.unterthurner.it; Mitte Nov.– Ende März Verkauf nur vormittags; auch in Spezialitätengeschäften erhältlich*

Nest-Bautrieb

ACCESSOIRES **Multitalent: die Künstlerin Maria Puff-Gius**

GEO SAISON: Sie malen, entwerfen Schmuck und schneidern Taschen. Was macht Ihnen am meisten Spaß?
MARIA PUFF-GIUS: Schmuck. Das ist wie Zauberei, einfach spannend, was da jedes Mal herauskommt. Besonders gefällt mir, mit unüblichen Materialien zu arbeiten. Antirutsch-Matten zum Beispiel habe ich in ganz lange, dünne Streifen geschnitten und dann zu Ringen geknüpft.

Ihre Ringe erinnern an Vogelnester. Zufall? Nein. Ich bin auf einem Bauernhof aufgewachsen. Die Natur inspiriert mich. Für meine Taschen benutze ich manchmal Leinwand, auf die ich Naturfotos aufgedruckt habe. Nur Äpfel kommen nie vor.

Warum nicht? Weil ich jahrelang auf der Apfelplantage meines Mannes gearbeitet habe. Dabei fühlte ich mich doch als Künstlerin! Jetzt ist Schluss mit Äpfeln – außer, dass ich sie sehr gern ess! Ich arbeite inzwischen Vollzeit in meinem Atelier in St. Pauls bei Eppan. Und freue mich, wenn ich dort von Kunden Besuch bekomme!

12 MARIA PUFF-GIUS, *Eppan, St. Pauls, Justinaweg 5, Tel. mobil 333-956 77 99, www.ringfinger.it*

ZWIEBELTECHNIK

BLUMENDEKORATION Andere Floristen lassen sich von exotischen Gräsern, von Lotusblüten oder edlen Orchideen inspirieren, Stefan Mayr macht einfach einen Rundgang durch den Garten, kommt mit weißen Gemüsezwiebeln und einem Arm voll Schierling zurück und verwandelt die 50 Tische des Luxusrestaurants im Hotel „La Perla" in kleine Wunder. Mit unerschöpflicher Fantasie kombiniert der 41-jährige Pustertaler einfachen Efeu, Äpfel, wilden Wein, Rittersporn und Pfingstrosen. „Sogar aus einem Salatkopf lässt sich viel machen", sagt Mayr. Gäste schätzen die Arrangements ebenso sehr wie die Küche. Und seine schönsten Kreationen blühen immer noch: Sie sind in zwei Büchern verewigt: „Tischfreuden" und „Schmuckkastl". 13 14 **HOTEL LA PERLA,** *Corvara, Str. Col Alt 105, Tel. 0471-83 10 00, www.hotel-laperla.it; die Bücher werden in der Hotelboutique verkauft, je 34 €*

KURZ+WICHTIG

TELEFON

Internationale Vorwahl: 0039. Die 0 der Ortsvorwahl muss vom Ausland aus mitgewählt werden. In Italien die Vorwahl auch bei Ortsgesprächen mitwählen. Mobilnummern beginnen ohne 0.

ANREISE NACH BOZEN

Von Deutschland nach Innsbruck fliegen Airberlin, Austrian Airlines und Welcome Air; Ryanair fliegt Bergamo und Venedig an, TUIfly landet in Mailand, Venedig und Verona. Von allen diesen Flughäfen gibt es Bustransfers nach Südtirol. Von München und Innsbruck fahren Züge und Busse; der Autozug geht ab Hamburg, Berlin, Düsseldorf (außer Nov./Dez.), im Sommer zusätzlich auch ab Hildesheim, Tel. 01805-99 66 33 (spezielle Gebühren).

MOBILE INFOS

Jederzeit abrufbar sind 1400 Gastronomiebetriebe, 9650 Unterkünfte, Wetterbericht und Veranstaltungstipps, alles mit Post- und E-Mail-Adressen, Telefonnummern und genauer GPS-Position auf dem Schirm des iPhones oder iPod touch. Die neue, kostenfreie Anwendung soll bald auch für andere Mobiltelefone bereitstehen. *Download unter www.apple.com*

AUSKUNFT

Südtirol Information,
Pfarrplatz 11, I-39100 Bozen, Tel. 0471-99 99 99, www.suedtirol.info

Kulturkalender.

Natur und Kultur waren in Südtirol noch nie Gegensätze. Bester Beweis: das üppige Programm von Konzerten, Filmfestivals und Ausstellungen in schönster Umgebung

Energiegeladen: Das Neue Stadttheater zeigt im Juli „Tanz Bozen"

SOMMER 2010

JUNI

Südtirol Jazzfestival
Zehn Tage lang werden 60 Konzerte im ganzen Land gegeben: auf Straßen, in Gastwirtschaften und in den Konzerthäusern von Bozen, Sterzing und Meran. Echtes Highlight: Beim „Jazz on the Mountains" werden Schutzhütten hoch oben in den Dolomiten zu Jazz-Schuppen. **15** *Südtirol Jazzfestival, Bozen, Laubengasse 46, Tel. 0471-05 21 88, www.suedtiroljazzfestival.com; 25. Juni bis 4. Juli*

Runkelsteiner Klangfeste
Weltmusik, Jazz und Zigeunermusik im romantischen Ambiente von Schloss Runkelstein. Sechs außergewöhnliche Konzerte jeweils donnerstags. Diesjährige Eröffnung durch die bekannte korsische Vokalgruppe „A Filetta". **16** *Schloss Runkelstein, Bozen, St. Anton 15; Info: Südtiroler Kulturinstitut, Bozen, Schlernstr. 1, Tel. 0471-31 38 00, www.kulturinstitut.org; 17. Juni bis 22. Juli*

JULI/AUGUST

Rock im Ring
Rock on the rocks! Südtirols größtes Festival auf dem Berg Ritten. **17** *Arena Ritten, Klobenstein, Tel. 0471-35 66 06, www.rockimring.it; 9. bis 10. Juli*

Tanz Bozen
Klassisches Ballett, Jazz, Hip-Hop, Breakdance, Flamenco, Samba – Ballett- und Tanzlehrer aus aller Welt bieten Kurse für Anfänger und Fortgeschrittene an. Dazu jeden Abend Auftritte internationaler Tanzstars. **18** *Südtiroler Kulturinstitut, Bozen, Tel. 0471-31 38 00, www.tanzbozen.it; 19. bis 31. Juli*

Kammermusikfest auf Schloss Prösels
Werke von Schmidt, Ravel, Mahler sowie asiatischen Komponisten – eine interessante Melange hinter den Mauern einer mittelalterlichen Burg. Es konzertieren international bekannte Künstler, darunter eine Pipa-Spielerin aus China. **19** *Schloss Prösels, Völs am Schlern, Tel. 0471-60 10 62, www.festivalproesels.com; 25., 28. und 31.Juli*

Gustav Mahler Musikwochen
Dieses Jahr ist doppeltes Jubiläum: Am 7. Juli ist der 150. Geburtstag von Gustav Mahler, und vor genau 100 Jahren komponierte er die 10. Sinfonie in seinem Urlaubsdomizil Toblach. Das kleine, feine Festival wird dieses Jahr vom Bundesjugendorchester eröffnet. **20** *Toblach, Dolomitenstr. 31, Tel. 0474-97 61 51, www.gustav-mahler.it; 10. Juli bis 8. August*

Kalterer Seespiele 2010
Klassik, Rock, Musical – Open-air-Konzerte in der einzigartigen Kulisse der Kalterer Seebühne. **21** *Tourismusverein Kaltern am See, Tel. 0471-96 31 69, www.kaltern.com; 27. Juli, 3. und 10. August*

HERBST 2010

SEPTEMBER/OKTOBER

Transart
Tanztheater, spannende Konzerte, multimediale Spektakel, Literatur-Performances: ein Festival zeitgenössischer Kultur an ungewöhnlichen Schauplätzen – von der Pfarrkirche bis zur Industriehalle. **22** *Transart, Bozen, Tel. 0471-67 30 70, www.transart.it; voraussichtlich 10. September bis 9. Oktober*

NOVEMBER

Lange Nacht der Bozner Museen
Sieben Bozner Museen bieten bis in die frühen Morgenstunden Ausstellungen, Installationen und Musik. Nicht versäumen: das Schulmuseum in der Grundschule „Dante Alighieri" (Sparkassenstr. 24). Kostenloser Shuttlebus. **23** *Abteilung Museen der Autonomen Provinz Bozen, Bozen, Tel. 0471-63 12 33, www.langenacht.it; 26. Nov. von 17–1 Uhr*

WINTER 2010/11

DEZEMBER

Klöckeln
An den ersten drei Donnerstagen im Advent ziehen weiß vermummte Gestalten in Tracht durch die Straßen, machen so viel Krach wie möglich, „klocken" (klopfen) an die Haustüren und singen zwei alte Lieder, mit denen sie um milde Gaben bitten und für sie danken. Das Brauchtum der „Klöckler" hat vermutlich heidnische Wurzeln, heute werden die „Klöckelnächte" nur noch in wenigen Tälern gefeiert – im Sarntal besonders urtümlich. **24** *Tourismusverein Sarntal, Sarnthein, Tel. 0471-62 30 91, www.sarntal.com; 2., 9. und 16. Dezember*

JANUAR

Internationales Schnee-Skulpturen-Festival
30 Künstler aus der ganzen Welt erschaffen aus Schneeblöcken filigrane, fantasievolle Kunstwerke, die nachts effektvoll beleuchtet werden. **25** *Tourismusverein Innichen, Tel. 0474-91 31 49, www.snow-festival.com; 12. bis 14. Januar 2011*

Swing on Snow
Experimentelle Klänge rund um das Thema Volksmusik – die Seiser Alm, die größte Hochalm Europas, wird zur schneebedeckten Bühne für Musikgruppen aus dem gesamten Alpenraum. **26** *Seiser Alm Marketing, Völs am Schlern, Tel. 0471-70 96 00, www.swingonsnow.com; 23. bis 30. Januar 2011*

FRÜHLING 2011

MÄRZ

Zusslrennen
Alljährlich am Donnerstag vor Fastnachtssonntag kleiden sich im Vinschger Dorf Prad Burschen und Männer von Kopf bis Fuß in Weiß und schmücken sich mit bunten Schleifen und Krepp-Blumen. Um die Taille tragen die „Zussln" Kuhschellen, die bis zu 20 Kilo wiegen. Sechs Männer sind als Schimmel verkleidet, die einen Pflug ziehen, ein Sämann streut Sägemehl auf die Zuschauer – der Umzug entstand angeblich aus einem germanischen Fruchtbarkeitskult. Mit ihrem Lärm wollen die Zussln böse Geister und die Winterkälte vertreiben – und die Saatkörner aufwecken. **27** *Tourismusverein Prad, Sulden, Tel. 0473-61 60 34, www.ortlergebiet.it; 3. März 2011 um 14 Uhr*

APRIL

Bozner Filmtage
Jeweils acht Spiel- und Dokumentarfilme aus Italien sowie den Nachbarländern Schweiz, Österreich und Deutschland werden im Bozner Filmclub gezeigt und besprochen. **28** *Filmclub, Bozen, Dr.-Streiter-Gasse 6d, Tel. 0471-05 90 90, www.filmtage.it; voraussichtlich 13. bis 17. April 2011*

KULTUR-INFOS

Informationen zu allen Kulturveranstaltungen in Südtirol: *www.kultur.bz.it, www.eventguide.it*

PETRA MEYER-SCHEFE

Zwischen Berggipfeln und Bruschetta

Im Südtiroler Dorf Tirol verschmelzen Kontraste zu einem reizvollen Mix.

Die Spronser Seen: Südtirols größte hochalpine Seenplatte

Schloss Tirol: Wiege und Namensgeber des Landes Tirol

ALPIN RUSTIKAL ABER AUCH RAFFINIERT MEDITERRAN. BODENSTÄNDIG ABER AUCH STILVOLL. DORF TIROL BIETET EINZIGARTIGE KULTUR, LÄNDLICHE GEMÜTLICHKEIT UND EINEN DER SCHÖNSTEN PANORAMA-BLICKE SÜDTIROLS.

Über Stock und Stein: Dorf Tirol und seine Umgebung entdecken Sie am besten mit gutem Schuhwerk und viel Wander-Lust. Denn rund um das 600 m hoch gelegene Urlaubsdorf eröffnet sich ein riesiges, abwechslungsreiches Wandergebiet. Der Naturpark Texelgruppe mit dem berühmten Meraner Höhenweg und den malerischen Spronser Seen liegt direkt vor der Haustür – und das sonnige Meraner Land mit seinen Apfelgärten und Waalwegen breitet sich am Fuße des Dorfes aus. Vom gemütlichen Spazier-Wandern bis hin zum ambitionierten Berg-Wandern finden Sie hier Wege für jede Gangart. Auch an einem Tag ohne Wandern haben Sie in Dorf Tirol stets einen Erste-Reihe-Blick auf die Berge: Genießen Sie die eindrucksvolle Naturkulisse, während Sie im Design-Pool Ihres Hotels entspannen, die Greifvögel-Flugshow auf Schloss Tirol bestaunen oder sich auf einer Restaurant-Terrasse alpin-mediterrane Köstlichkeiten schmecken lassen.

Zwischen Almen und Palmen, zwischen Speckknödeln und Carpaccio und zwischen Gipfelkreuzen und Promenaden wird Ihr Urlaub in Dorf Tirol voller Abwechslung stecken. Nur einen Steinwurf von Dorf Tirol entfernt locken außerdem einige der beliebtesten Attraktionen Südtirols zu spannenden Kontrast-Erlebnissen: Entdecken Sie die schönsten Gärten Italiens von Schloss Trauttmansdorff bei Meran – und im Kontrast dazu die unberührten Wiesenhänge bei den Muthöfen. Relaxen Sie im Design-Ambiente der neuen Therme Meran – und erleben Sie im Kontrast dazu die ungezähmte Naturkraft am Wasserfall Schwemmploder. Zwischen Stock und Stein liegt in Dorf Tirol eben nicht nur ein Schritt, sondern eine ganze Welt!

Musik der Berge – zwei Mal anders interpretiert

Die wöchentlichen Konzerte sind beliebter Fixpunkt im Programm von Dorf Tirol.

Open-Air-Konzerte der Südtioler Spitzbuam

Zünftige Unterhaltung und gute Laune im Frühling, Sommer und Herbst.

Konzerte von Montanara-Chören

Italienische Folklore und Evergreens, gesungen von verschiedenen Männerchören. Jeweils am Donnerstag im Frühling und Herbst.

Gästeinformation
Tourismusverein Dorf Tirol
Tel. +39 0473 92 33 14
www.dorf-tirol.it | info@dorf-tirol.it

TIPP

Soireen auf Schloss Tirol

Historische Konzerte in alten Gemäuern: Erleben Sie Musik aus dem Mittelalter, der Renaissance und dem Frühbarock – dargeboten von internationalen Künstlern im eindrucksvollen Ambiente von Schloss Tirol. In der Pause werden Kostproben der mittelalterlichen Küche gereicht.
Termine: 5 Abende im Juni, Juli und August 2010

Aufstieg mit Aussicht

Ein Muss für alle, die gerne in die Ferne blicken: Von der Mutspitze hoch oberhalb von Dorf Tirol können Sie wunderbar auf das ganze Meraner Land schauen. Den 2.294 m hoch gelegenen Gipfel erreichen Sie nach einer gemütlichen, knapp 3-stündigen Wandertour.

Urlaubspaket: „Dorf Tirol Highlights"

Wohnen Sie 7 Tage in einem Haus Ihrer Wahl und nutzen Sie tolle Inklusiv-Leistungen: 1 Besuch im Vogelpflegezentrum, 1 Besuch in Schloss Tirol, 1 Hin- und Retourfahrt mit der Seilbahn Hochmuth, 1 Hin- und Retourfahrt mit dem Panorama-Sessellift Dorf Tirol – Meran, 1 BusCard Meran und Umgebung. Ab 220 €

DER ZAUBER SÜD

Lieblich und schroff, abgeschieden und weltoffen, himmelhoch und erdverbunden – im Land auf der Sonnenseite der Alpen blühen wunderbare Widersprüche. Eine Liebeserklärung in Bildern

FOTOS VON **CLEMENS ZAHN**

SCHÜRZENJÄGER Hoch über dem Sarntal hat der Bauer noch nicht Feierabend, sonst hätte er den blauen Schurz schon hochgesteckt. Ohne ihn fühlt sich ein Sarntaler nur halb bekleidet

TIROLS

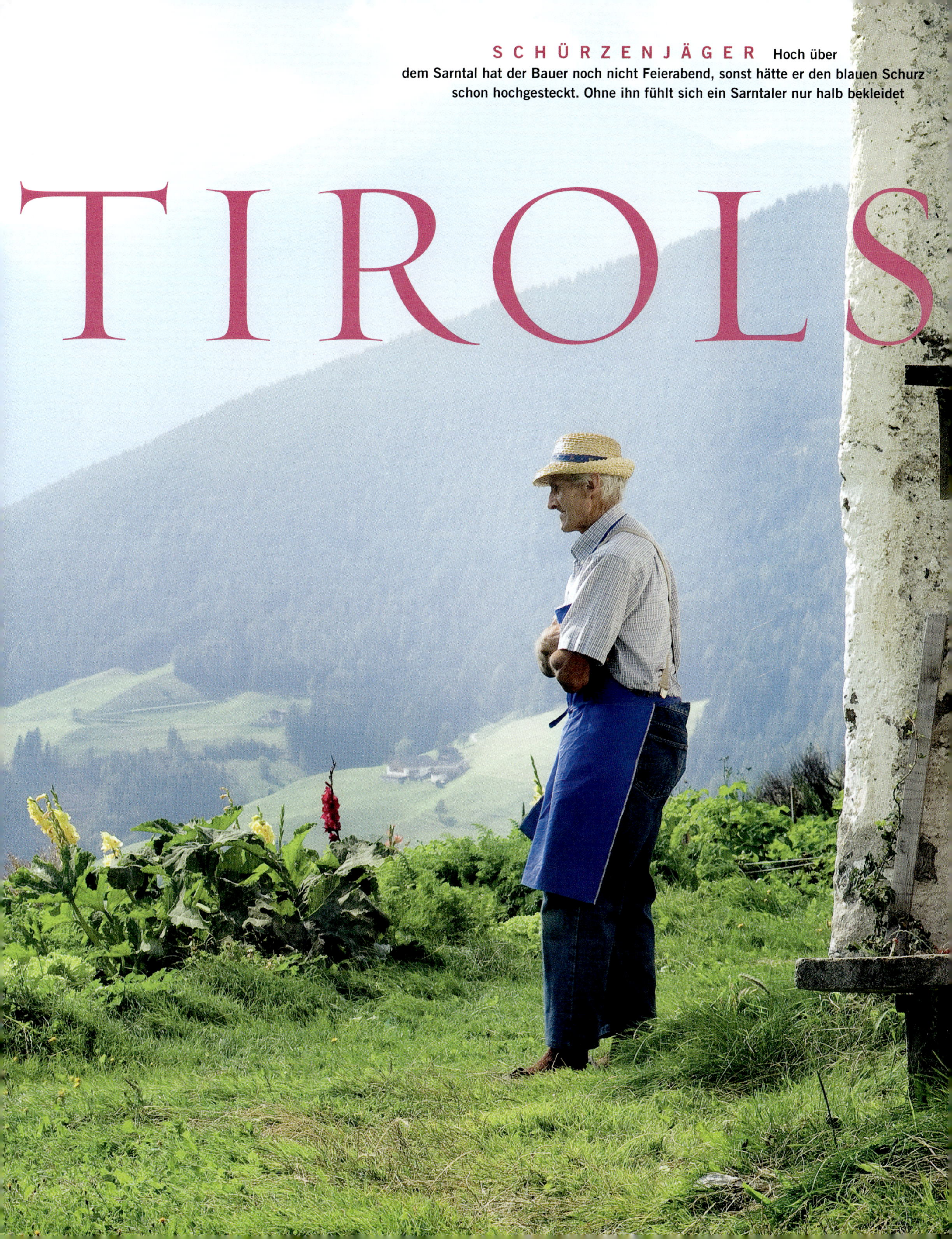

OZEANRIESEN Die Geislerspitzen wuchsen einst als Riffe in einem Urzeitmeer. An ihren Felswänden lernte Reinhold Messner das Bergsteigen. Der Bauernsohn stammt aus dem Villnößtal zu ihren Füßen

B A U E R N O P F E R Glaube, Liebe, Hoffnung wohnen still im Weiler Grissian. Solche schlichte Frömmigkeit ist auch in Südtirol nicht mehr selbstverständlich

STEINZEIT Drei Wanderer vor dem zweithöchsten Berg Südtirols. Die Königsspitze besteigt sich von Südwesten her bequem, die Ostrinne ist dagegen eine Mutprobe

GLÜHWEIN Der Kalterer See ist entgegen seinem Namen der wärmste Badesee der Alpen. An seinen Hängen wächst der Vernatsch, dessen Herbstlaub mit der Morgensonne um die Wette leuchtet

B R Ü C K E N S C H L A G Der Weg aus der Bozner Altstadt in die Moderne führt über eine gewagte Museumsbrücke. Jenseits des Talferbachs zeigt das Museion zeitgenössische Kunst

BREITWAND Hoch über Meran hat der Künstler Franz Messner 30 Kinosessel aufgestellt. Die Hauptrolle in seinem Bergkino spielt das verschneite Ortlermassiv gegenüber

GRÜNPHASE Die Seiser Alm liegt verlassen unter dem spitzzackigen Langkofel. Nur im Hochsommer grast Vieh auf der größten Hochgebirgsweide Europas. Schon Mitte September kann Schnee fallen

„Wegrennen

Zerrissen zwischen Nord und Süd: Die Südtiroler Schriftstellerin SELMA MAHLKNECHT über den Kampf der Kulturen und die Unmöglichkeit, der Heimat zu entkommen

Selma Mahlknecht

Auf dem Kirchplatz von Naturns horchen die Spaziergänger auf. Aus dem Türspalt eines Proberaums dringt eine Tenorstimme: „I will kuan Tirolerhuat" (Ich will keinen Tirolerhut). Drinnen steht Selma Mahlknecht, 31, neben dem Klavier und probt mit Laiendarstellern und Musikern ihr Singspiel „Mein Tirol", eine musikalische Rundreise durch das Land – und ein satirischer Rundumschlag gegen seine Marotten. Das Libretto ist im Südtiroler Dialekt geschrieben – „mein erster Versuch mit einem Volksstück", sagt die junge Schriftstellerin.

GEO SAISON: Sie lassen eine Trachtengruppe das Volkslied „Tirol isch lei oans" (Tirol ist nur eins/ist einzigartig) singen, die inoffizielle Hymne Nord- und Südtirols. Fordern Sie etwa die Wiedervereinigung? Die ersten Liedzeilen gehen so: „Tirol isch lei oans, isch a Landl a kloans, isch a schians, isch a feins, und des Landl isch meins." Mein Stück zeigt: Wenn jeder das Land nur für sich beansprucht, gibt es eine Kakophonie.

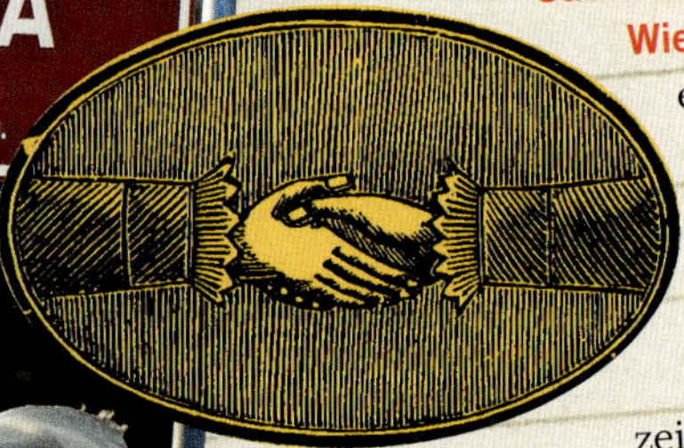

Und doch haben Sie Ihr Stück „Mein Tirol" genannt … Es gibt hier viel, womit ich mich nicht identifizieren kann, zum Beispiel die Bestrebungen nach Unabhängigkeit von Italien. Gerade die jungen Leute wollen sich wieder abgrenzen, das finde ich bedenklich. Doch sooft ich versucht habe, von hier wegzukommen – ich habe in Wien studiert, zwei Jahre in der Schweiz gelebt –, ich musste zurück. Wegrennen nützt nichts.

Was hält Sie hier? Ein Gefühl von Heimat. Hier bewirke ich etwas als Künstlerin, hier kann ich meine Stimme erheben, eine Botschaft verbreiten – gerade im Kleinen. Auf einer Bühne wie in Naturns habe ich Freiheiten, die ich in Wien nicht hätte.

Geografisch liegt Südtirol genau zwischen Mittelmeer und Nordeuropa – sind die Südtiroler also die idealen Europäer? Das könnten sie sein. Doch viele wollen von Europa nichts wissen. Die sollten die Augen aufmachen und erkennen, was für ein Magnet in der Mitte Europas ihre Heimat ist. Die Touristen kommen doch gerade wegen des halb italienischen, halb deutschen Lebensgefühls zu uns. Die Italiener haben das Gefühl, gleichzeitig in Österreich und zu Hause zu sein. Bei den Deutschen ist es umgekehrt – sie sind in Italien, können aber Deutsch sprechen.

Wieso empfinden die Südtiroler das nicht als Vorteil? Seit Südtirol von Italien annektiert wurde, gibt es große Vorbehalte gegenüber den Italienern, sogar gegen Sprache, Kultur und Essen. Die meisten Südtiroler versuchen krampfhaft, nicht italienisch zu wirken. Dabei kann ich eins mit meiner Herkunft sein und mich trotzdem von anderen beeinflussen lassen. Aber es gibt zum Glück auch viele Menschen, die Brücken zwischen den Kulturen schlagen – ohne die eigene Identität zu verlieren.

Wie leben die zwei Sprachkulturen im Alltag zusammen? Deutsch- und italienischsprachige Jugendliche haben oft wenig miteinander zu tun. Sie besuchen unterschiedliche Schulen und sprechen manchmal besser Englisch als die Sprache ihrer direkten Nachbarn – wenn sie überhaupt Nachbarn aus

nützt nichts“

der anderen Sprachgruppe haben. Ich bin im Dorf Plaus aufgewachsen, da gab es keinen einzigen italienischen Spielkameraden.

Und die Erwachsenen? Bei den 30- bis 40-Jährigen ist das Verständnis füreinander etwas größer. In der Kultur gibt es viel Zusammenarbeit. Und bei Behörden oder Telefongesellschaften sprechen die Leute oft beide Sprachen fließend. Aber Sie finden genug Vereine, in denen ausschließlich Deutsch gesprochen wird.

Können die Medien zwischen den Kulturen vermitteln? Seit man über Satellit jeden deutschen Sender empfangen kann, gucken wir kaum noch italienisches Fernsehen. Diese ewigen Shows mit leicht bekleideten Damen und Gewinnspielen – nein danke. Wir lesen auch eher die Presse aus Österreich und Deutschland. Ich selbst höre immer den Österreichischen Rundfunk – und weiß daher mehr über die Wiener Politik als über die in Rom.

Sie fühlen sich kein bisschen italienisch? Wir sehen Italien fast aus einer Außenperspektive. Manchmal muss ich mich an die eigene Nase fassen und mir sagen: Das ist doch der Staat, in dem du lebst!

Sehen Sie sich also eher als Österreicherin? Aber nein, österreichisch oder deutsch fühlen wir uns auch nicht. Wir stehen überall draußen. Das könnten wir positiv nutzen: Wer nirgendwo dazugehört, kann sich überall ein bisschen einbringen.

Die meisten Touristen halten alle Südtiroler für Bergfexe ... Ich persönlich kann mit Bergtouren nicht viel anfangen. In meiner Kindheit wurde wenig gewandert. Meine Großmutter hatte eine kleine Pension, mein Großvater hatte ein Sägewerk, da war keine Zeit für die Berge.

Wie gefällt Ihnen die Rustikal-Romantik mit Dirndl und Törggelen? Törggelen? Das machen wir auch, so ein geselliges Herbstmahl mit jungem Wein und gerösteten Kastanien gehört einfach zu Südtirol. Aber eine Tracht habe ich nicht im Schrank. Aufgesetzte Turbo-Folklore mag ich nicht. Glücklicherweise haben wir hier inzwischen viel moderne Architektur, die zwar alpin wirkt, aber nicht kitschig.

Sind Sie gern Südtirolerin? Ja, doch. Wir haben einerseits dieses Lockere, Mediterrane, andererseits das Österreichisch-Bürokratische, das gleicht sich gut aus. Und der Himmel ist bei uns deutlich öfter blau als nördlich der Alpen!

INTERVIEW: TITUS ARNU

Tirol isch lei oans
I will kuan Tirolerhuat

HEIMAT

Roman: „Es ist nichts geschehen“, *Edition Raetia, 17,90 €*
Das Leben zweier Schwestern droht an einem bedrückenden Familiengeheimnis zu zerbrechen, die Großmutter enthüllt nach und nach die dunkle Wahrheit – Selma Mahlknechts spannender Debütroman über die Macht des Schweigens hat sie zur großen Hoffnung der Südtiroler Literatur gemacht.
www.selma-mahlknecht.info

So gebettet liebt man's

Burgherberge oder Berggasthof, Kunstpension oder Designhotel? Neun sehr unterschiedliche Unterkünfte, denen gemeinsam ist: Sie werden sie nicht mehr verlassen wollen

VON **PETRA MEYER-SCHEFE** (TEXT)

Hinterm Horizont geht's weiter: Im Infinity Pool des Bozner „Gasthof Kohlern“ scheint man fast bis in die Berge zu schwimmen

Hoch über den Wolken: der „Gasthof Kohlern"

Gasthof Kohlern

BOZEN

In die Ferne schweifen

Bereits die fünfminütige Anfahrt mit der Kohlerer-Bahn, der ältesten Personenseilbahn der Welt, ist spektakulär. Schlern, Rittner Horn, Etschtal, Bozen ... Was für ein Panorama! Auch vom „Gasthof Kohlern", auf 1130 Höhenmetern gelegen, schweift der Blick endlos in die Ferne. Ob vom holzgetäfelten Speisesaal, beim Schwimmen im neuen Außenpool, vom Balkon der Zimmer, ja sogar durchs Fenster in der winzigen Sauna: Man schaut und schaut auf die grandiose Aussicht. Der Weiler Kohlern mit seiner Handvoll Jugendstilvillen ist ein Sommerfrischeparadies für hitzegeplagte Bozner. In der Vergangenheit vielleicht nicht ganz so beliebt wie der Ritten gegenüber, hat dieses architektonische Kleinod seinen Charme bewahrt. Der 140 Jahre alte Gasthof ist seit 1966 im Besitz der Familie Schrott. Josef Schrott wuchs hier auf und führt das Lebenswerk seiner Eltern fort. Mit viel Liebe fürs Authentische hat er die Zimmer und Aufenthaltsräume aufgefrischt: Korbsessel, Holzfußböden, Bauernmöbel harmonieren prächtig, jede Ecke strahlt Behaglichkeit aus. Nach einem vorzüglichen Abendessen fährt der Hausherr den Schnapserlwagen von Tisch zu Tisch und überredet seine Gäste zu einem vollmundigen Grappa Gewürztraminer Cornell von der Kellerei Schreckbichl. Eigentlich zuviel des Guten, denn sie sind bereits trunken – von der Aussicht auf Bozen und den in allen Blautönen schimmernden Abendhimmel.

29 30 *Bozen, Kohlern 11, Tel. 0471-32 99 78, www.kohlern.com; DZ/F ab 100 €, DZ/HP (mindestens 4 Ü) ab 120 €; kleiner Wellnessbereich, Außenpool; 8.1. bis Ostern geschl.*

Schloss Sonnenburg

ST. LORENZEN

Brise im Burghof

Nikolaus Cusanus wusste nicht, was ihm entging. Im Jahre 1450 war er vom Papst zum Bischof von Brixen ernannt worden; die Äbtissin des Frauenklosters Sonnenburg hatte daraufhin ein geräumiges Gästezimmer für ihn herrichten lassen. Doch der Bischof sah das wunderschöne Deckenfresko nicht und verpasste den herrlichen Blick hinunter ins Tal, wo Gader und Rienz zusammenfließen, denn er kam nie zu Besuch. Dafür wohne ich jetzt in seinem Zimmer, das mit schweren Stoffen und Antiquitäten dekoriert ist, und betrachte vom Bett aus das zarte Marienbild. Was für ein geschichtsträchtiger Ort! Erst Ritterschloss, dann fast 800 Jahre lang Benediktinerkloster für adelige Töchter, später Militärhospital, Armenwohnheim, schließlich Vier-Sterne-Hotel. Der deutsche Unternehmer Karl Knötig kaufte das verfallene Bauwerk im Pustertal 1969 und baute es behutsam wieder auf. Besonders schön sind die holzgetäfelte Zofenstube aus dem 17. Jahrhundert und die Residenzstube mit ihrer kostbaren Kassettendecke, in beiden wird heute getafelt. Die Zutaten für die Südtiroler und italienische Küche kommen aus dem eigenen Kräutergarten und von den Höfen der Region. Nach einer köstlichen Völlerei sitze ich noch eine Weile im Burghof. Ein lauer Wind streicht durch die blühenden Oleanderbüsche, Kerzen flackern auf jedem Tisch, leises Gemurmel dringt über den Hof – der Bischof, der diesen Ort nie sah, kann mir heute noch leidtun.

31 32 *St. Lorenzen, Tel. 0474-47 99 99, www.sonnenburg.com; DZ/F ab 128 € (HP p. Pers. zusätzlich 15 €); 43 Zimmer/Suiten, schöner Garten, kleiner Wellnessbereich; historische Hausführungen, im Winter Bus-Shuttle zum Skigebiet Kronplatz; 5.4.–3.6. geschl.*

Pforte zum Paradies: das ehemalige Kloster „Sonnenburg"

Überirdisch: Hinter den dicken Mauern des ehemaligen Klosters liegen schlichte, aber luxuriöse Zimmer. Unten links die Suite „Äbtissin“, rechts der friedliche Garten mit seinen Sitzecken

„Es ward Licht": Das „Hotel Gartner" wurde zum modernen Klassiker umgebaut. Die Lampen im Treppenhaus entwarf der legendäre dänische Designer Verner Panton in den 60er Jahren

„Gartners“ Eden: Der Blick schweift über das Meraner Tal

Hotel Gartner

DORF TIROL

Klare Linien genießen

Ungewöhnliche Menschen betreiben ungewöhnliche Hotels. Florian Gartner ist Jurist, seine Frau Barbara Betriebswirtin. Vor 15 Jahren sattelten sie spontan ins Gastgewerbe um. Das passende Hotel fand sich im Familienbesitz, als verpachtete Geldanlage. Um Erfahrungen zu sammeln, heuerten die zwei zunächst im „Weißen Rössl“ in Kitzbühel an und schufteten eine Saison lang gratis – im Service, an der Rezeption, in der Küche, im Büro. Dann wagten sie den Sprung. Mit Erfolg! Vor zwei Jahren wurde das „Hotel Gartner“ komplett umgebaut: Das austauschbare Alpenhotel der sechziger Jahre wurde zum echten Schmuckstück. Von der bequemen Sonnenliege unten am Pool aus erkennt man noch den alten Giebel, doch der Rest wurde gekonnt hinter Anbauten im Bauhausstil versteckt. Klare Linien aus Holz, Glas, Naturstein und Stahl sind drinnen mit warmen Farben kombiniert. Leder, Loden und Antiquitäten sorgen für Gemütlichkeit. So wird die neue Bar, ganz hip in Orange, erst durch die alten Bauernschränke daneben zum Star. Die neuen Suiten sind großzügig und haben eine eigene Terrasse mit Zugang zum Garten. Der Speisesaal hat eine Showküche, wo Chefkoch Andreas Alber leichte, moderne Gerichte mit regionalen Produkten kreiert. „Wenn wir uns selbst wohlfühlen“, sagt Florian Gartner, „dann fühlen sich auch unsere Gäste wohl!“ So einfach ist das.

Edel in Creme: Juniorsuite

33 *Dorf Tirol, Hauptstr. 65, Tel. 0473-92 34 14, www.hotelgartner.it; DZ/F ab 166 €, DZ/HP ab 186 €; Tiefgarage, großzügiger Wellnessbereich, Außenpool; Mitte Nov. bis März geschl.*

Gasthof Eggwirt

ST. WALBURG

Das Ticken der Standuhr

„Bittschön“, sagt er und verzieht das Gesicht, als hätte ihm jemand auf die Zehen getreten, „nennen Sie unser Haus niemals Hotel!“ Der „Eggwirt“ sei ein Gasthof und sie selbst, Roland und Christl Schwienbacher, keine Hoteliers, sondern Gastwirte! Das ist ihre Philosophie. Wer im „Eggwirt“ Ferien macht, der soll sich zu Hause fühlen, umgeben von Freunden. So war's schon immer, so soll's auch bleiben. Über 700 Jahre alt ist das trutzige Haus in St. Walburg im Ultental. Es steht an einer Ecke, an der die Durchgangsstraße eine so scharfe Kurve macht, dass die Motorradfahrer voll auf die Bremse gehen müssen. Im Jahre 1298 wurde es erstmals urkundlich erwähnt, es war Gerichtsstand und Postkutschenstation. Seit ewigen Zeiten ist es in Familienbesitz. Die Zimmer sind einfach. Blümchenbettwäsche, rote Vorhänge, ein Tisch, zwei Stühle, ein winziges Bad, weder Fernseher noch Minibar. Na und? Abends hockt man sowieso entweder in der holzgetäfelten Stube mit dem wuchtigen Bauernofen oder in der Eckstube von „1611 renoviert 1836“ – so steht's über der Tür. Seit damals ist alles geblieben, wie es war: das Kruzifix, die alte Flinte, die vergilbten Stiche und Bücher und die Standuhr, die gemächlich tickt. Bei köstlich gebratener Forelle und einem Glas Weißburgunder kommt man schnell ins Gespräch mit den anderen Gästen, von denen manche schon als Kind hier waren und nun mit ihrem Nachwuchs anreisen. „Es ist einfach so gemütlich“, schwärmt ein englischer Vater.

Abendmahl: Tafel im „Eggwirt“

34 35 *St. Walburg 112, Tel. 0473-79 53 19, www.eggwirt.it; DZ/F ab 70 € (HP 15 € p. Pers.); sommers geführte Wanderungen, winters Skiwochen; 11.4.–11.5. und 2.11.–24.12. geschl.*

Behagliches Feuer: Kamin in der Lobby des „Hotel Nives“

Hotel Nives

WOLKENSTEIN

Dem Trubel entkommen

Blubberndes Wasser, 37 Grad warm, darüber ein wolkenloser blauer Sommerhimmel. Wie es hier wohl im Winter ist, wenn der Rasen unter Schnee liegt, der Weg vom Hallenbad zum Whirlpool nur eben fußbreit freigeschaufelt, aber voller Gäste ist? Wolkenstein ist schließlich ein Wintersportort, direkt an der Sella Ronda gelegen, dieser legendären Skischaukel rund um den Sellastock. Im Sommer herrscht weniger Trubel – und Luxushotels wie das „Nives“ sind deutlich preiswerter. Das edle Spa mit finnischer Sauna, römischem Dampfbad und Aromaduschen kann ein Gast dann schon mal ganz für sich allein haben. Im Dezember 2007 wurde das Hotel am neu gestalteten Dorfplatz eröffnet. Gebaut ist es aus Holz, Stein und Glas, eingerichtet in Erdtönen. Ein paar Karo- und Trachtenmuster setzen in den schnörkellosen, holzgetäfelten Zimmern kleine Wohlfühlakzente, ebenso die sepiafarbenen Bergsteigerfotos aus den Zeiten von Luis Trenker. Nach einem 5-Gänge-Menü – Goldbrassenfilet mit Thymian und köstliche Panna Cotta mit Erdbeerglace – lümmeln sich die Gäste in den Lounge-Polstern auf der Sonnenterrasse und zählen die Sterne über dem Sella-Massiv.

Heilwasser: Badewanne am Bett

36 37 *Wolkenstein, Nives Str. 4, Tel. 0471-77 33 29, www.hotel-nives.com; DZ/F ab 144 €; 13 Zimmer/Suiten, 6.4.– 10.6. sowie 10.10.–4.12. geschl.*

Gasthof Krone

ALDEIN

Im Schoß der Familie

Mutter Maria Alberta Franzelin steht mit ihren 68 Jahren noch in der Küche, gemeinsam mit ihrem Sohn Peter. Vater Andreas zapft hinterm Tresen ein frisches Forst, und Sohn Georg ist für den Service, den Weinkeller und den Bauernhof der Familie zuständig. Reibereien? Georg Franzelin schüttelt den Kopf. „Selten.“ Seit 1720 führt die Familie Franzelin den „Gasthof Krone“ in Aldein bereits, seine Tradition ist sogar noch älter. 1577 wurde die Gaststätte erstmals urkundlich erwähnt, war einst Station auf dem Pilgerweg zum Kloster Maria Weißenstein. Sorgsam wird bewahrt, was die Jahrhunderte überdauert hat: die ausgetretenen steinernen Stufen im Treppenhaus, der venezianische Terrazzo im ersten Stock vor dem kostbaren Kruzifix und der Ofen von 1770 in der Biedermeierstube, die den Gästen als Bibliothek dient. Zwölf Zimmer hat das Haus nur, jedes ist individuell eingerichtet mit Antiquitäten, Zirbenholzmöbeln, Ledergarnituren und schwarz-weißen Kuhfellen auf knarrenden Holzfußböden, ein interessanter Mix aus alt und modern. Im Sommer sitzt man draußen an blank gescheuerten Tischen, genießt die hauseigene „Zirmertorte“ – eine köstliche Nusstorte mit Kirschen und Sahne – und freut sich schon auf das Abendessen in der alten Bauernstube. Lammkoteletts mit Tomatenwürfelchen soll es geben und als Nachtisch Halbgefrorenes aus Amaretto. Die Kochkunst ist seit eh und je die heiligste Familientradition der Franzelins.

38 39 *Aldein, Dorfplatz 3, Tel. 0471-88 68 25, www.gasthof-krone.com; DZ/F ab 120 €; exzellente Küche, Golfangebote (18-Loch-Platz 4 km entfernt); März geschl.*

Wie daheim: Die alte Bauernstube dient als Esszimmer

Heiligtümer: Seit Generationen pflegen die Franzelins die Antiquitäten ihrer Ahnen, besonders den barocken Ofen. Die ganze Familie arbeitet mit und verwöhnt im Restaurant Gäste mit Hirschnuss an Bratapfel

Schlicht schön: Die moderne Fassade des „Ciasa Lara" spielt mit alpinen Elementen. Die Geranienkästen setzen die Fassade in Szene, der Pool spiegelt die Bergnatur vor dem Fenster

Versammlungsfreiheit: Der Empfang wartet auf Lobbyisten

Ciasa Lara

STERN

Ins Klare tauchen

Der Hausherr hebt den Blick zum Himmel. „Vielleicht hält's bis zum Abend", sagt Walter Craffonara, „vielleicht auch nicht." Das Wetter in der Alta Badia, dem ladinischen Herzstück der Dolomiten, kann launisch sein. Bevor wir den Sessellift zur Wallfahrtskirche Heilig Kreuz erreichen, schüttet es bereits wie aus Kübeln. Also zurück ins Hotel, das schöne, weitläufige Spa aufsuchen. Es trägt den ladinischen Begriff *ega sarëna* – klares Wasser. Im Pool lullen New-Age-Klänge die Gäste ein, während draußen, hinter einer großen Glasfront, die Wolken brechen. Ein paar mutige Saunagänger nutzen den Regenguss als natürliche Schwallbrause auf der Terrasse. Wir ziehen uns aufs Zimmer zurück, das nach dem hellen Fichtenholz der geradlinigen Möbel duftet. Zum Abendessen servieren Walter Craffonara und seine Frau Rosa köstliche Ravioli aus Schwarzbrotteig gefüllt mit Tropeazwiebeln. Am Nachbartisch wird verschämt um Nachschlag gebeten. Kein Problem: Die Craffonaras sind Gastgeber mit Leib und Seele. Vor drei Jahren, erzählen sie beim *caffè* am langen Holztresen der Bar, ließen sie ihre alte, verbaute Pension niederreißen und wagten den Neuanfang mit diesem Design-Hotel. „Den Abriss hab ich mir lieber nicht angeschaut", gesteht Rosa Craffonara. „Es hingen zu viele Erinnerungen daran. Aber jetzt haben wir es schön." Und ihre Gäste erst!

40 41 *Stern, Altin Str. 9, Tel. 0471-84 72 57, www.ciasalara.it; DZ/F ab 194 €, DZ/HP ab 210 €; Parkplatz, großzügiges Spa; Mai und Nov. geschl.*

Ansitz zum Steinbock

VILLANDERS

Adelhaus verpflichtet

Der Südtiroler Bauunternehmer Alois Rabensteiner verliebte sich als Gast in den alten Adelssitz, der wie eine Trutzburg hoch über dem Eisacktal aufragt. „Als Kind war ich hier im Restaurant mit meinen Eltern mindestens dreimal die Woche zum Essen", erzählt seine Tochter Elisabeth. Als der Ansitz dann 2002 zum Verkauf stand, griff die Familie zu. „Dieses Haus selbst zu führen, ist ein Traum", sagt Elisabeth, die erst 22 Jahre jung ist, aber ehrgeizig und energisch. „Ich möchte aus dem ‚Steinbock' etwas Besonderes machen." Schon in den achtziger Jahren war das Gut aus dem 12. Jahrhundert mustergültig renoviert worden. Die 19 Zimmer haben alte Holzfußböden und schwere Deckenbalken. Nun sind sie auch mit ausgewählten Antiquitäten aus der Sammlung Alois Rabensteiners ausgestattet. Einige Bäder zeigen zwar noch die eigenwillige Kachelmode der siebziger Jahre, dafür genießt man auf der neuen Gartenterrasse den Apfelstrudel mit einem sagenhaften Dolomitenblick. Der Weinkeller wurde mit weißen Lederbarhockern neu eingerichtet, in den holzgetäfelten Stuben aus dem 16. Jahrhundert wird Tagliata vom Milchkalb auf Biokartoffeln serviert. Sommelier Othmar Erschbaumer kredenzt dazu einen mittelschweren Blauburgunder von der Kellerei Neustift. Der Restaurantguide Gault Millau verlieh der Küche 14 Punkte. Etwas Besonderes muss der „Steinbock" nicht erst werden – er ist es schon.

42 43 *Villanders, F.-v.-Defreggergasse 14, Tel. 0472-84 31 11, www.zumsteinbock.com; DZ/F ab 80 € (HP 25 € p. Pers.); 11.1.–11.2. und eine Woche im Juni geschl.*

Hell erleuchtet: Der „Steinbock" im Abendlicht

Kunstvoll: Die Pensionswirtin Doris Moser (re. o.) legt viel Wert auf Gestaltung. Frische Blumen schmücken das Zimmer „Kemenate“ (li.o.) und die Rezeption (re. u.), frische Früchte den Frühstückstisch

Pension Maratscher

ALGUND

Kunst unter Kirschbäumen

Auf 1465 Meter Höhe, auf der Kuppe des Rotensteins, stehen 30 Sitzplätze aus Kastanienholz und Stahl zu einem sensationellen Breitbandfilm bereit. Hauptdarsteller: die Natur, Special Effects: die Jahreszeiten. Das „Knottnkino" ist das bekannte Werk des Künstlers Franz Messner (siehe S. 25). „Er hat aber auch meinen Garten gestaltet", sagt Doris Moser. „Er ist ein Freund von mir." So kommt es, dass in ihrem verwunschenen Pensionsgarten mit seinen von Rosen umrankten Lese-Ecken, dem kleinen Teich und den hübschen Kirschbäumen auch sechs Messner-Stühle stehen. „Mein Freiluftkino", sagt die Pensionswirtin. Gekostet haben die Stühle ein kleines Vermögen, aber die Kunst ist ihre große Leidenschaft, neben gutem Essen und gutem Wein. Doris Moser war die erste Sommelière Südtirols, die jüngste Italiens, und führte lange Zeit ein eigenes Restaurant mit gutem Ruf. 2003 verwandelte sie es in die charmante Kunst-Pension. Zehn Zimmer wurden vom Künstler Herbert Schönweger in unterschiedlichen Pastelltönen gestaltet. Sie tragen poetische Namen: Calville, Silberbaum, Cello, Flagranti. Ein Gedicht umrundet als Fries das kleine, himmelblaue Rilkezimmer: „Draußen wird der Garten weich im Mondschein ..." Und vom Balkon geht der Blick hinüber nach Meran, wo die Straßenlaternen wie eine Lichterkette am Berg hängen. Eine Nachtigall singt. Tatsächlich: Die Natur ist eine echte Künstlerin.

Himmelsthron: Der Terrassenstuhl der Pension steht über den Dingen

44 *Algund, Mitterplars 30, Tel. 0473-44 84 69, www.maratscher.com; DZ/F ab 90 €; 10 Zimmer, Gourmetverführungen, Vollmondreiten und Seminare für kreatives Schreiben*

HOTELS *für Familien*

Die Kinder wollen toben, die Eltern ihre Ruhe – und der Urlaub wird zur Zerreißprobe. Familienhotels schaffen Abhilfe: mit kindgerechten Zimmern und Menüs, mit Kinderbetreuern, Babysittern und viel Platz zum Spielen und Krachmachen

Hotel Schwarzer Adler Unser Frau

Einmal leben wie Ötzi! Der Archeoparc ist gleich um die Ecke vom „Hotel Schwarzer Adler" und kann sogar über Nacht besucht werden. Außerdem gibt es ein richtiges Bauernhaus zum Austoben, einen Streichelzoo und eine eigene Alm mit Schafen, Haflingern und Plumpsklo. Dazu eine großzügige Saunalandschaft sowie Doppelzimmer mit Beistellbett und solide eingerichtete Familienapartments. Das Klima im Schnalstal ist ideal für Pollenallergiker.

45 46 *Unser Frau 26, Tel. 0473-66 96 52, www.adlernest.com; DZ/HP ab 108 €, Kind (3–12 J.) 50–30% Rabatt, unter 2 J. 10 €; Apartment für 2 Pers. ab 57 € plus 40 € Endreinigung, Kind je nach Alter 10–20 €; 3. Mai bis 15. Juni geschl.*

Flötscherhof Natz-Schabs

Mitten in den Apfelplantagen liegt der Hof oberhalb von Brixen und Kloster Neustift. Trampolin, Bolzplatz, Schaukel und die Rutsche im beheizten Außenpool zeigen: Hier darf getobt werden. 30 geräumige Zimmer mit Gästecouch zum Ausziehen oder einfachen Beistellbetten sowie Familiensuiten. Geführte Wanderungen im Sommer, im Winter Skikurse auf den Pisten von Meransen – und eine Saunalandschaft.

47 48 *Viums 14, Tel. 0472-41 20 77, www.floetscherhof.com; DZ/HP ab 80 €, Kind je nach Alter bis 28 € (all inclusive); November bis 25. Dezember geschl.*

Bad Ratzes Seis am Schlern

Die Schwestern Scherlin haben ihr Familienhotel 2005 gründlich renoviert, dabei sind großzügige Familienzimmer und -suiten entstanden. Tägliche Kinderbetreuung von 8.30 bis 22 Uhr, geführte Wanderungen, Ausflüge und zweimal im Jahr (Mai und September) ein einwöchiger Theater-Workshop. Im Winter holt die Skischule den Nachwuchs ab und fährt ihn per Bus auf die Seiser Alm. Eltern genießen Hallenbad und Wellness in himmlischer Ruhe: Im Naturpark Schlern gibt es keinen Autoverkehr.

49 *Ratzesweg 29, Tel. 0471-70 61 31, www.badratzes.it; DZ/VP ab 166 €, Kind bis 13 J. je nach Alter 20–52 €; Mai und November geschl.*

Hotel Maria Deutschnofen

Ein Hotel wie geschaffen für aktive Kinder: Klettern an Seil und Haken, Mountainbike-Touren, ein Naturcamp mit Kinderdiplom, Hüttenübernachtungen im Heu ganz ohne Eltern und im Winter ab auf die Skipiste – der Aufsatz „Mein schönstes Ferienerlebnis" kann hier zum Entscheidungsproblem werden. Eltern entspannen beim Wandern oder in der Wellness-Oase. Gute Küche, sehr gepflegtes Ambiente.

50 *Obereggen 12, Tel. 0471-61 57 72, www.hotel-maria.it; DZ/HP ab 136 €, Kind bis 14 J. je nach Alter 19–42 €; Mai und November geschl.*

Biancaneve Family & Designhotel Wolkenstein

Design und Kinderfreundlichkeit müssen sich nicht ausschließen. Die stilvollen großen Zimmer und Suiten dieses modernen Hotels sowie ein luxuriöser Spa-Bereich erfreuen die Eltern, der Nachwuchs hat viel Platz zum Spielen drinnen wie draußen und ein eigenes Kinderschwimmbad – das „Schneewittchen", so die deutsche Übersetzung von Biancaneve – macht alle glücklich. Und im Winter startet der Schlepplift direkt vor der Haustür.

51 52 *Cir Str. 36, Tel. 0471-79 51 48, www.biancaneve.it; DZ/HP ab 140 €, Kind bis 12 J. je nach Alter 25–75 €; Oktober, November und Mitte April bis Mitte Juni geschl.*

Sonne tanken auf den Südbalkonen des „Bad Ratzes"

Tarzan? Indianer? Oder beides? Kein Problem im großen Garten des Hotels „Sonnwies“

Kinderparadies Alpenhof
Naturns

Dieses Hotel ist der ideale Standort für Radler. Rund um Naturns verlaufen viele flache Radwege, und der „Alpenhof“ vermietet Fahrräder mit Kindersitz oder Anhänger. Spielwiese und Badelandschaft, wöchentlich Ausflüge zum hauseigenen Bauernhof im Schnalstal mit Hirschgehege und Angelteich. Schöne Familiensuiten und -zimmer mit abgetrennten Schlafbereichen für die Kinder.

53 *Gerberweg 10, Tel. 0473-66 75 02, www.alpenhof.it; DZ/VP ab 156 €, Kind bis 3 J. in der Nebensaison frei, Kind 3–10 J. je nach Alter 26–30 € (all inclusive), in der Hochsaison Kind bis 10 J. 20–48 €; Mitte November bis Mitte März geschl.*

Hotel Pütia
St. Martin in Thurn

Im Sommer klettern, mountainbiken, Pilze suchen, Beeren sammeln, im Winter Ski fahren, rodeln und mit Schneeschuhen den Spuren wilder Tiere folgen, danach ab in die Sauna. Jeden Dienstag findet eine Familienwanderung statt, etwa zum Peitlerkofel – auf Ladinisch „Pütia“, daher der Name des Hotels. Familie Prousch führt ihr modernes Haus im Gadertal, weit abseits der Touristenströme, mit viel Herzlichkeit. Besonders schön sind die neuen Familienzimmer „Munt de mür“.

54 55 *Antermoia, Via S. Antone 21, Tel. 0474-52 01 14, www.putia.com; DZ/HP ab 96 €, Kind (3–15 J.) 50–10 % Rabatt, Kind unter 2 J. frei; 7. April bis 8. Mai und 10. Oktober bis 18. Dezember geschl.*

Familienalm Taser Schenna

Was für ein Abenteuer: Zum Hotel oder zum urigen Vollholz-Chalet, in dem auch Platz für Oma und Opa ist, geht's per Seilbahn oder eine einsame Bergstraße hinauf. Oben dann nichts als Natur. Viel Platz zum Toben im Indianerdorf, auf dem Bauernhof oder im nahen Hochseilgarten. Hallenbad, Spa und Saunahütte im Freien bieten Erholung für die Eltern. Als erster Gastbetrieb Südtirols erhielt die Familienalm die höchste europäische Auszeichnung für umweltfreundliche Tourismusbetriebe.

56 57 *Bergstr. 33, Tel. 0473-94 56 15, www.familienalm.com; DZ/HP ab 115 €, Kind bis 13 J. je nach Alter 11–33 € (all inclusive); Almchalets/ HP für 3 Pers. ab 184 €; November bis kurz vor Ostern geschl. (außer Weihnachten/Silvester)*

Sonnwies Lüsen

Familienhotel de luxe: Das „Sonnwies“ hat einen eigenen Bio-Bauernhof, einen Streichelzoo und Ponys zum Striegeln und Reiten. Hier wollen Kinder nie wieder weg – und die Eltern auch nicht: allein wegen des neuen Hallenbades, der großzügigen Saunalandschaft, der erholsamen Massagen und der guten Südtiroler Küche mit Zutaten aus dem eigenen Garten. Im Winter laufen die Kinder Ski am Haushang (mit Schlepplift!).

58 *Alter Runggerweg 20, Tel. 0472-41 35 33, www.sonnwies.com; DZ/VP ab 150 €, Kind bis 16 J. je nach Alter 16–48 €; 11. bis 30. April und 7. November bis 25. Dezember geschl.*

EIS AM ZIEL

ÜBER KNIRSCHENDE GLETSCHER KRAXELN, SICH IN GEFÄHRLICHE

JUGENDLICHE DIE BERGE COOL. UND WÄHREND EIN BERGFÜHRER DEN KINDERN

SCHLUCHTEN ABSEILEN, LÄSSIG AUF DER ALM ABHÄNGEN: SO FINDEN SOGAR DIE NERVEN KITZELT, KÖNNEN DIE ELTERN ENDLICH MAL WIEDER ENDLOS WANDERN

VON **TITUS ARNU** (TEXT) UND **HELMUTH RIER** (FOTOS)

So richtig schön aufs Glatteis geführt: Auf dem rutschigen Hohenferner Gletscher tasten sich Eltern und Kinder auf Steigeisen und im Raupentempo den Berg hinauf

1

(1) Zwischen Himmel und „Huch!“: Im Klettergarten wird für den Ernstfall geübt. (2) Jakob sieht den Aufgaben furchtlos entgegen (3) ... und die Bergführer Wilfried Herb (li.) und Horst Schilcher bleiben sowieso immer cool. (4) Nebulös: der Hohenferner Gletscher. (5) Natur-Sprudel: Eiswasser auf Talfahrt. (6) Gut verdrahtet über die Gletscherspalte. (7) Auf der Sonnenseite: Jetzt ein Eis wäre schön ... (8) Bergproviant fassen: Frühstück auf der „Zufallhütte“. (9) Geschafft! Der Gipfel der Köllkuppe. (10) Zur Belohnung ein frisch Gezapftes: Paul auf der Alm

2

3

4

5

6

7

8

9

10

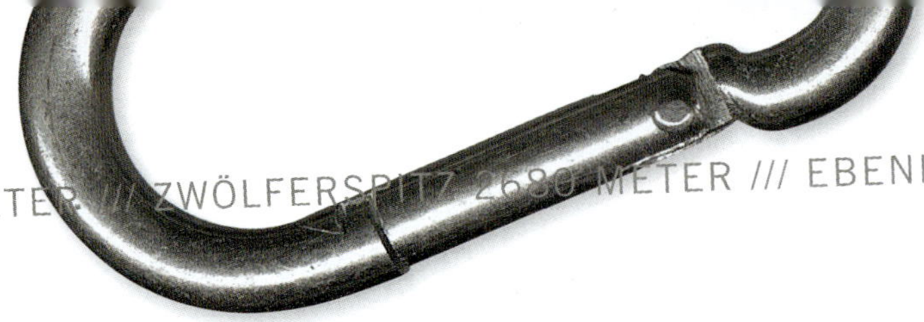

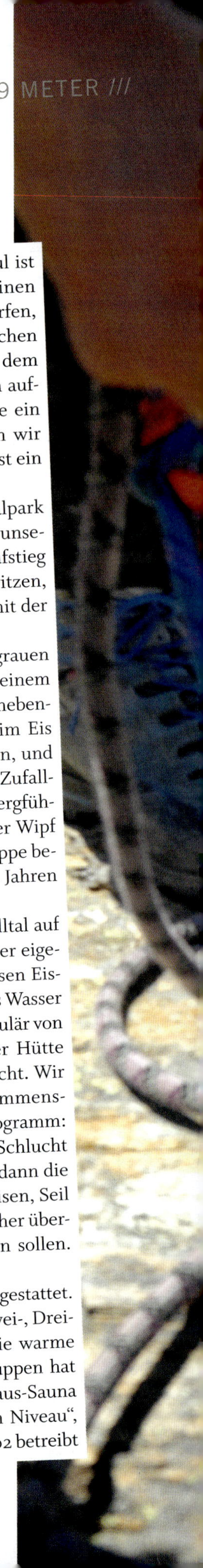

ICH GLAUB, MEIN STEIN PFEIFT!“ Paul ist platt. Gerade hat er ein Steinchen über einen Bergsee auf einen Haufen Felsbrocken geworfen, nun fängt einer davon aus Protest an zu zischen und zu pfeifen wie ein Teekessel kurz vor dem Explodieren. Jetzt zappelt er auch noch: ein aufgeregter grauer Klumpen, etwa so groß wie ein Dackel. Bei genauem Hinsehen entdecken wir einen pelzigen Schwanz – der hyperaktive Felsen ist ein Murmeltier.

Wir sind auf dem Weg hinauf in den Nationalpark Stilfser Joch, zur „Zufallhütte“, die für eine Woche unsere Bergheimat sein soll. 40 Minuten dauert der Aufstieg vom Parkplatz im hinteren Martelltal. Wir schwitzen, schnaufen und beneiden unser Gepäck: Es wird mit der Materialseilbahn den Hang hinauftransportiert.

2

Unser Bergführer könnte mit seinen langen grauen Haaren und dem weißen Bart glatt als Alm-Öhi in einem Werbespot mitwirken. Er läuft barfuß und erzählt nebenbei ein paar Anekdoten: von Bergsteigern, die im Eis eines Gletschers eine scharfe Handgranate fanden, und vom Bären Bruno, der wenige Meter von der „Zufallhütte“ entfernt Schafe riss. Eigentlich heißt der Bergführer Wilfried Herb, aber alle nennen ihn Wipf. Der Wipf wird die Kletterwoche leiten. Unsere Wandergruppe besteht aus fünf Kindern im Alter von neun bis 14 Jahren und fünf Erwachsenen.

3

Die „Zufallhütte“ liegt hoch über dem Martelltal auf einem Felsabsatz, ein uriges Tirolerhaus mit einer eigenen kleinen Kapelle, umgeben von den grandiosen Eisriesen des Ortler- und des Cevedale-Massivs. Das Wasser des Gebirgsbachs Plima fällt in der Ferne spektakulär von einer Bergwand und braust nicht weit von der Hütte durch eine abenteuerlich gewundene Felsschlucht. Wir sind schwer beeindruckt. Und beim Willkommens-Abendessen höchst verblüfft über das kühne Programm: dass die Eltern ihre Kinder in die Wildwasser-Schlucht des Plima abseilen werden, sagt der Wipf, und dann die Kinder ihre Eltern. Dass uns Touren mit Steigeisen, Seil und Klettergurt erwarten, dass wir einen Gletscher überqueren und mehrere Dreitausender bezwingen sollen. Klingt fast zu aufregend.

Die „Zufallhütte“ ist erstaunlich luxuriös ausgestattet. Es gibt nicht nur Hüttenlager, sondern auch Zwei-, Drei- und Sechsbettzimmer mit Waschbecken sowie warme Duschen mit Münzeinwurf. Einen alten Schuppen hat der Hüttenwirt Ulrich Müller zu einer Blockhaus-Sauna umgebaut. „Das hier ist Urlaub auf höchstem Niveau“, scherzt er, „nämlich auf 2264 Metern.“ Seit 2002 betreibt

Müller die Hütte, die dem Land Südtirol gehört. Benannt ist die „Zufallhütte" übrigens nach dem Wasserfall in der Nähe: „Denn der fällt sozusagen auf das Tal zu." Urlaub am Rande des Zufalls.

Schon bald geraten die Jugendlichen auf die schiefe Bahn: Die Eltern lassen ihre Kinder am Seil die schräge Wand über der Plima-Schlucht hinunter. Unter meinem Sohn Jakob braust das Wildwasser, mir ist etwas mulmig. Dann wird gewechselt: Nun binden sich die Väter an ihren Kindern fest. Unter der Anleitung von Wipf seilt mich mein 13-jähriger Sohn 20 Meter tief ab. Wir verständigen uns mit Handzeichen, denn dort unten donnert das Wasser ohrenbetäubend laut. Daumen runter bedeutet „mehr Seil", Daumen hoch: „Ich klettere wieder aufwärts". Mein Sohn hat mich voll in der Hand, er könnte horrende Taschengeldforderungen stellen, bevor er mich wieder hochzieht. Er lässt mich aber nicht hängen, so wie ich ihn nicht hängen lassen würde. Es ist eine existenzielle Vertrauensübung, einander an so einer Felswand zu sichern.

In kürzester Zeit verinnerlichen wir die Sicherheitsregeln im Gebirge so sehr, dass der neunjährige Paul, das jüngste Mitglied unserer Wandergruppe, fragt: „Brauchen wir einen Helm zum Kühemelken?" Wir sind zu Besuch beim Schäfer, der in einem kleinen Häuschen gegenüber der „Zufallhütte" wohnt und für das Wohlergehen von 1050 Schafen, drei Hunden und einer Kuh zuständig ist. Die Schafherde ist ein wilder Haufen, aber Kuh Biggi lässt sich ganz friedlich von den Kindern frische Milch aus ihrem Euter zapfen.

Der Schäfer Sepp lebt seit 31 Jahren jeden Sommer auf der Alm, wahrscheinlich kennt er jedes Murmeltier mit Vornamen. Mit seinen Blumen am Hut, dem wettergegerbten Gesicht und dem nach Schafen duftenden Wollpulli könnte er für eine Postkarte posieren. Plötzlich aber tönt aus der Tasche seiner Arbeitshose eine grelle Melodie – das Mobiltelefon klingelt. Wir hatten hier oben schon fast vergessen, dass es so etwas wie ständige Erreichbarkeit gibt.

Tag für Tag besteigen wir Erwachsenen mit dem Wipf einen Gipfel. Sein Kollege Horst Schilcher geht inzwischen mit den Kindern im Gelände rund um die Hütte klettern. Das Angebot ist ideal für Familien: Die Eltern möchten gern auf lange Wanderungen gehen, die Kinder sportliche Herausforderungen erleben. Das sogenannte Familien-Twin-Programm bietet getrennte Aktivitäten und gemeinsame Erlebnisse. So gibt es angenehm wenig Streit – was kann man von einem Urlaub mit Halbwüchsigen mehr erwarten? →

(1) Leinen los? Bloß nicht! Im Klettergarten der „Zufallhütte" wird ein Junge von seinem Vater in die Tiefe der Plima-Schlucht gelassen. (2) „Danke, Junior." Für Kinder ein echtes Erfolgserlebnis: den Vater am Seil gesichert zu haben. (3) Ein weites Feld: Drei Wanderer auf dem Weg über den Hohenferner Gletscher zum Gipfel der Köllkuppe

1

2

3

4

5

6

7

8

9

Dichter Nebel verschluckt alle Farben und Kontraste, als wir zu unserer Tour auf die Cima Marmotta aufbrechen, den „Murmeltier-Gipfel“. So hübsch nennen ihn nur die Italiener, auf Deutsch heißt er Köllkuppe. Wir tasten uns durch den weißen Dunst, irgendwo rauscht ein Wasserfall. Ganz in der Nähe müssen Kühe weiden, man hört, wie sie das Gras rupfen, schnauben und mampfen, aber kein Rindvieh ist zu sehen. Wipf nimmt uns die Angst, er scherzt: „Die Zeit, in der die Bergführer Touristen aufgegessen haben, ist vorbei.“

DER WIPF BLEIBT IMMER COOL. Er hört die Gämsen husten, ahnt Steinschlag voraus und riecht, wenn hinter dem Berg ein Unwetter aufzieht. Wenn die Zirbelkiefern stöhnen, die Bäche murmeln und die Eisflächen knacken, ist er unser Übersetzer. So einer ist äußerst hilfreich, wenn man als Anfänger zum ersten Mal auf einem Gletscher unterwegs ist.

Am Rande der Eisfläche seilen wir uns an, in zwei Gruppen. Unter die Bergschuhe haben wir Steigeisen geschnallt. Wipf erklärt, dass man mit den Zacken unter den Füßen nicht zackig läuft, sondern bedächtig und breitbeinig: „Sonst reißt ihr euch möglicherweise selbst die Hosen und die Waden auf!“ Wipf rät zu einem wiegenden Gang, „etwa so, wie wenn man nachts von einer Bar nach Hause kommt.“ Langsam wackeln unsere beiden Seilschaften los, von weitem sieht jede davon aus wie eine bunte Holzraupe am Seil. Unter uns rieselt und knackt es bedenklich.

An einer Gletschermühle machen wir kurz Halt. Wipf erklärt, wie diese Löcher im Eis entstehen: Bei Tauwetter kann sich Schmelzwasser bis zum Grund des Gletschers spiralförmig in die Tiefe fräsen. Die trichterförmigen Vertiefungen werden durch Steine im Schmelzwasser glatt geschliffen. „Wenn du da reinfällst, kommst du nicht mehr lebend raus.“ Wo wir gerade stehen, ist der Gletscher 50, 60 Meter dick und von heimtückischen Spalten durchzogen, die man nicht so leicht erkennt, wenn sie mit Schnee bedeckt sind. Deshalb gilt: Niemals ohne Seil, Gurt und Steigeisen auf einen Gletscher! Und natürlich braucht man für den Notfall einen Profi, der die Technik beherrscht, einen abgestürzten Kletterer aus einer Spalte zu bergen.

Wir fühlen uns sicher, Wipf und Horst sind ja dabei. Oben am Sattel, in 3000 Meter Höhe, drehen die Kinder um und laufen mit Horst zurück zur „Martellerhütte“. Wir Erwachsenen kraxeln allein über den Grat noch 330 Meter höher auf die Spitze der Köllkuppe. Das Gipfelglück wird allerdings durch eine Wand aus kaltem Nebel getrübt. Das Einzige, was wir sehen können, ist das Gipfelkreuz, das Wipf einst aus knorrigen Ästen, Seilen und bunten Tüchern gebastelt hat. Plötzlich jedoch bläst ein starker Wind von Süden über den Grat und lüpft für ein paar Sekunden den Nebelschleier von der Bergschönheit: Wir →

10

(1) Victory! Paul hat den Felsvorsprung im Klettergarten locker erklommen. (2) Gespaltenes Verhältnis: So ein Gletscher ist verdammt gefährlich – doch zum Niederknien schön. (3) Karg wie die Landschaft, aber ein ersehnter Rastplatz: die „Martellerhütte“. (4) „Macht schon!“ Die Gruppe wartet auf Nachzügler. (5) Grüner wird's nicht: Auf 2800 Meter Höhe liegt die Vegetationsgrenze. (6) Abgründig: Klettern in der Plima-Schlucht. (7) Große Pause: Die Truppe entspannt im Klettergarten. (8) Kleine Jause: Paul futtert eine Stulle. (9) Alles dem Zufall überlassen: der Blick auf die Zufallspitze. (10) Schwindelerregend: Jakob Arnu auf der Slackline

Auf die Spitze getrieben: Kinder und Eltern lernen auf einer Felsnase im Klettergarten der „Zufallhütte", wie man sich richtig an- und abseilt

sehen die pyramidenförmige Königsspitze, den stämmigen Ortler, die geschwungene Flanke des Monte Cevedale. Tief unten im Tal schimmern die Dächer des Örtchens Pejo in der Sonne.

Nach der Tour erholen wir uns bei Apfelstrudel und Cappuccino auf der Terrasse der „Zufallhütte". Nach acht Stunden des gemeinsamen Schwitzens, Kletterns und Wanderns sind alle gleich erschöpft, gleich zufrieden und gleich hungrig. Längst haben wir die Rollen vergessen, die wir im normalen Leben spielen, alle sind per Du. „Bei uns finden die Leute genau das, was sie im Alltag vermissen", sagt der Hüttenwirt Uli. „Es gibt kein Fernsehen, kein Internet und keine Disco, dafür Ruhe und Natur." Die Schneefelder des 3769 Meter hohen Monte Cevedale leuchten in der Abendsonne, die Gesichter der Kinder glühen vor Anstrengung, denn Horst hat für sie eine Slackline aufgespannt, ein fünf Zentimeter breites und 15 Meter langes Band. Wer es am Ende der Woche wie ein Seiltänzer überquert, soll einen Gratis-Kaiserschmarrn bekommen. Das spornt die Jugendlichen zu Höchstleistungen an.

NICHT, dass sie Hunger leiden müssten. Die Menüfolgen der „Zufallhütte" sind imposant: nacheinander Lasagne, gemischter Salat, Kalbsschnitzel, Kartoffeln und Dessert. Aneta, die polnische Bedienung, beeindruckt durch herben Charme. Ihr Lachen kann Holzwände zum Vibrieren bringen und im Winter wahrscheinlich Lawinen auslösen. Wenn ein Kind nicht aufessen will, mahnt sie in strengem Ton: „Du, iss! Sonst kein Dessert." Einem angeheiterten Gast, der seine Sympathie etwas zu deutlich zeigt, droht Aneta nur halb im Spaß: „Wenn ich dich haue, brauchst du Arzt."

Trotz der unfassbaren Mengen Pasta, die Aneta uns jeden Abend als Vorspeise serviert, hat niemand den Eindruck, dass uns die Nudeln zum Hals raushängen. Außer dem kleinen Paul. „Ich hab das Gefühl, dass mir die Spaghetti aus der Nase rauskommen!", ruft er eines Abends vom Kindertisch. Seine Mutter glaubt, er wolle sie veräppeln, und wickelt in aller Ruhe Spaghetti um ihre Gabel. Paul beharrt: „Da kommt wirklich eine Nudel aus meiner Nase!" Der Zufall will, dass einer der Hüttengäste Hals-Nasen-Ohrenarzt ist – er zieht dem armen Paulchen die Nudel aus der Nase. „So etwas habe ich noch nie erlebt", sagt der Arzt staunend. Ist der kleine Paul vielleicht der erste Mensch, der je eine Nudel durch die Nase hochgezogen hat? Ist das nun Zufall? Oder Zauberei? Auf der „Zufallhütte" ist jedenfalls alles reines Glück. ■

59 60 ZUFALLHÜTTE, Martelltal, Tel./Fax 0039-0473-744785, mobil 335-6306603, www.zufallhuette.com; Ü/HP p. Pers. 36–43 €; Ende Februar bis Ende Oktober geöffnet, im Mai/Juni 3 Wochen geschl. FAMILIEN-TWIN-BERGPROGRAMM: DAV-Summit-Club, München, Tel. 089-642400, www.dav-summit-club.de; 7 Tage ab 660 €/Erw., 495 €/Kind (9–15 J.); mehrere Termine im Juli/August. Buchungscode: FAZUF

Wände hoch! Keuchend kraxeln oder gemütlich gehen, allein auf Zinnen klettern oder mit einer Horde Kinder durch Schluchten stapfen: zehn Bergtouren für jede Lebenslage

Fotogene Felsen: Die Vajolettürme am Santnerpass sind tolle Kletterberge

1 HÖHENWANDERUNG MIT ZUBRINGER Von der Raschötz auf die Seceda

Schon praktisch, so eine Seilbahn: Die beim Aufstieg gesparten Kräfte kann man für eine ordentliche Höhenwanderung nutzen. Acht Minuten braucht die neue Standseilbahn (ab Sommer 2010) von St. Ulrich bis zur Bergstation der Raschötz auf 2132 Meter Höhe. Von dort führt ein breiter Wanderweg in rund anderthalb Stunden vorbei an wiederkäuenden Pinzgauer Rindern zur gemütlichen „Brogles-Alm". Hinter der Alm wird es deutlich alpiner. Weg Nr. 6 führt erst eine Schlucht hinunter, dann in kraftzehrenden Serpentinen 90 Minuten lang die felsige Panascharte hoch. Der Weg ist streckenweise drahtseilgesichert. Auf dem halsbrecherisch abfallenden Plateau der Seceda ist alle Mühe sofort vergessen: Der Blick über Lang- und Plattkofel bis zur eisbedeckten Marmolada versöhnt selbst mit Blasen. In weiteren 20 Minuten wandert man zur Seceda-Bergstation. Zurück nach St. Ulrich geht es ganz bequem – mit der Bergbahn.

DAUER: reine Wanderzeit (ohne Liftfahrten) 3,5 Stunden
SCHWIERIGKEITSGRAD: mittel bis schwer
VORAUSSETZUNGEN: Trittsicherheit, Schwindelfreiheit
61 START: in St. Ulrich an der Talstation der Raschötz-Seilbahn
EINKEHRMÖGLICHKEIT: „Brogles-Alm". Frische Milch, selbstgemachte Butter und Käse
BEGEHBAR: Juni bis September, zur „Brogles-Alm" bis Mitte Oktober; *www.raschoetz.com*

2 PATRIOTENTOUR Aufs Becherhaus

Unter Südtirolern gilt es geradezu als Pflicht, wenigstens einmal im Leben aufs Becherhaus gegangen zu sein. Mit seiner Lage auf 3195 Metern über dem Meer ist es das höchstgelegene Schutzhaus Südtirols. Zu seinem Bau im Jahr 1894 mussten Träger aus dem Talort Maiern 25 Tonnen Material heraufschleppen. Was das bedeutet, kann erst ermessen, wer sich selbst einmal hinaufbemüht hat. 1725 Höhenmeter sind zu überwinden – erst romantisch am Bach entlang und durch Bergwald bis zur „Aglsalm", dann zur „Grohmannhütte", in Serpentinen weiter zur „Teplitzer Hütte", von dort über einen alpinen Wanderweg zu einer kleinen Gletscherzunge, die zu überqueren jedoch ungefährlich ist. Dahinter ragt hoch der Becherfelsen auf, auf dem sich die vierstöckige Schutzhütte festkrallt. Ein gesicherter Steig führt bis ganz nach oben, wo man glaubt, in der Ewigkeit angekommen zu sein. 700 Meter weiter unten breitet sich das Gletschermeer des Übeltalferners aus, drum herum stehen die mächtigen Felsgipfel der Stubaier Alpen, darüber ist nur noch der Himmel.

DAUER: Aufstieg 6 bis 7 Stunden
SCHWIERIGKEITSGRAD: mittel
VORAUSSETZUNGEN: Trittsicherheit, Schwindelfreiheit, Erfahrung, gute Kondition
62 START: am Bergbaumuseum in Maiern im Ridnauntal
EINKEHRMÖGLICHKEIT: „Aglsalm", „Grohmannhütte", „Teplitzer Hütte"
ÜBERNACHTUNG: „Becherhaus", *Tel. 0472-65 63 77 oder mobil 348-600 57 34, www.becherhaus.com (anmelden!);* Ende Juni bis 20. September
BEGEHBAR: Juni bis September

3 FELSENTOUR FÜR ANFÄNGER Klettersteig Santnerpass

Mächtig und geheimnisvoll leuchten die hellen Felswände des Rosengartens. Dem Dolomiten Märchenbuch nach hielt dort der Zwergenkönig Laurin einst ein schönes Mädchen gefangen. Glücklicherweise ermöglicht der Santnerpass-Klettersteig, ein mit Leitern, Tritten und Fixseilen gesicherter Felspfad, auch Otto-Normal-Bergsteiger das hochalpine Erlebnis. Start ist an der „Kölner Hütte" (Rosengartenhütte) auf 2300 Meter Höhe (Auffahrt mit Sessellift Laurin II), von der ein kurzer Weg zum Einstieg führt. Jetzt muss man sich durch die zerklüftete Südwestwand des Rosengartens schräg bergauf zum Santnerpass hangeln, durch verschiedene Rinnen und Scharten, darunter die steile Eisrinne, in der auch im Sommer meist Schnee liegt. Bergdohlen krächzen, der Himmel ist nah, und wenn vom Santnerpass aus der Blick in Richtung Tal schweift, wo weit unten das grüne Unterland liegt, dann ist das Bergsteigerglück perfekt. Am Santnerpass endet der Klettersteig; der Weg zurück ist eine bequeme Bergwanderung. Durch die Felsmulde des berühmten Gartl geht es an den herrlich aufragenden Vajolettürmen (s. Foto links) vorbei zur „Vajolethütte" und über das Tschagerjoch zurück zur „Kölner Hütte".

DAUER: 6 Stunden
SCHWIERIGKEITSGRAD: mittel
VORAUSSETZUNGEN: Erfahrung, Trittsicherheit, Schwindelfreiheit, Kondition
63 START: „Kölner Hütte", *Tel. 0471-61 20 33 oder mobil 335-702 14 14, www.rifugiofronza.com;* Juni bis Ende September
EINKEHRMÖGLICHKEIT: „Santnerpasshütte", „Gartlhütte", „Vajolethütte"
BEGEHBAR: Juni bis September

4 ROMANTISCHER SPAZIERGANG
Rund um den Pragser Wildsee

Gipfelglück gibt es auch im Talgrund: Die Spitze des 2810 Meter hohen Seekofels scheint zum Greifen nah, wenn sie sich im klaren Wasser des Pragser Wildsees spiegelt. Zauberhaft und entrückt wirken die kalkweißen Wände des Dolomitengipfels. Ein hübscher Rundweg führt um den von Bergwald gesäumten See im Naturpark Fanes-Sennes-Prags, dessen Farbe je nach Wetter von Tannenblau bis Karibikgrün reicht. Durch Latschenwälder und am sprudelnden Finsterbach entlang geht es an einem idyllischen Kirchlein vorbei auf die Grünwaldalm, von dort am Ostufer des Sees wieder zurück. Start- und Endpunkt der Tour ist das Hotel „Pragser Wildsee", ein traditionsreiches altes Berghotel.

DAUER: 1,5 bis 2 Stunden
SCHWIERIGKEITSGRAD: einfach
VORAUSSETZUNGEN: keine
64 START: Hotel „Pragser Wildsee" (Parkplatz), *Tel.* 0474-74 86 02, *www.lagodibraies.com*
EINKEHRMÖGLICHKEIT: „Grünwaldalm"; Juni bis Mitte Oktober
BEGEHBAR: Solange kein Schnee liegt (ca. Mai bis Oktober)

Lockere Runde: Am Pragser Wildsee fällt der Zugang zum Bergidyll leicht

5 DIE KLASSISCHE BERGTOUR
Peitlerkofel

Wie eine mächtige, abweisende Felsnase steht der Peitlerkofel ganz allein für sich in den ladinischen Almwiesen. Sein Gipfel scheint auf den ersten Blick nur echten Kletterern vorbehalten – doch der Weg auf den Paradeberg ist einfacher, als er aussieht. Vom Würzjoch aus führt er durch Wiesen und Wälder bis zu den Felswänden der Peitlergruppe, die hier von einer breiten Scharte durchzogen wird. Durch diese steigt man – eine einfache Bergwanderung – recht bequem nach oben. Nur das letzte Stück, etwa 30 Minuten lang, ähnelt einer Kletterei vom Schwierigkeitsgrad I, die von routinierten Wanderern dank Drahtseilsicherungen gut zu bewältigen ist. Das Panorama entschädigt für den Nervenkitzel, es reicht von den Geislerspitzen bis zu den Zillertaler Alpen.

DAUER: Auf- und Abstieg etwa 6 bis 7 Stunden
SCHWIERIGKEITSGRAD: mittel
VORAUSSETZUNGEN: Erfahrung, Trittsicherheit, Schwindelfreiheit, Kondition
65 START: Würzjoch
EINKEHRMÖGLICHKEIT: nur nahe des Ausgangs- bzw. Endpunkts: „Almgasthof Ütia de Börz", „Hütte Cir", „Hütte Munt de Fornella"
BEGEHBAR: Juni bis September

6 MEHRTAGESTOUR
Meraner Höhenweg

Bitte nicht mit dem Tappeinerweg oder einer der anderen braven Meraner Kurpromenaden verwechseln! Der Meraner Höhenweg ist schweißtreibend und mitunter steil. Auf 100 Kilome-

INFO

tern führt er in durchschnittlich 1400 Meter Höhe einmal rund um die Texelgruppe, das Meraner Hausgebirge. Im Norden streift er die hochalpine Landschaft der Ötztaler Alpen, im Süden öffnet sich der Blick auf den subtropisch blühenden Meraner Talkessel. Zwar soll Extrembergsteiger Hans Kammerlander für den Höhenweg nur 24 Stunden gebraucht haben, doch Genusswanderer nehmen sich fünf bis sechs Tage Zeit, übernachten in den zahlreich am Wegesrand liegenden Gasthöfen, Pensionen und Bauernhäusern, rasten viel und schauen sich dabei die Augen aus dem Kopf. Denn der Weg führt durch großartige Berglandschaften: durch schroffe, hochalpine Felswelten, wie etwa am Eisjöchl, wo es einmal sogar kurz auf 2895 Meter hinaufgeht. Über blühende Almwiesen, durch friedliche Bergdörfer, in denen die Kinder barfuß laufen, an wild rauschenden Bächen vorbei und über dicke Heidelbeerteppiche. Da nimmt man ein bisschen Muskelkater gern in Kauf.

DAUER: je nach Kondition zwischen 3 und 8 Tagen
SCHWIERIGKEITSGRAD: mittel
VORAUSSETZUNGEN: Trittsicherheit, Schwindelfreiheit, Kondition
66 67 START: idealerweise dort, wo eine Bergbahn auf die entsprechende Höhe führt, z. B. in Dorf Tirol (Seilbahn auf die Hochmuth) oder neuerdings in Partschins (Seilbahn nach Giggelberg)
EINKEHR- UND ÜBERNACHTUNGSMÖGLICHKEIT: es gibt zahlreiche, siehe unter *http://hoehenweg.meran.info*
BEGEHBAR: Der südliche Teil ist ungefähr von Mai bis November begehbar, der nördliche von Juni bis September

Dunkles Geheimnis: Die Rastenbachklamm ist von schattiger Schönheit

7 DIE TOUR ZUM STAUNEN Zu den Stoanernen Mandln

Wer hier zum ersten Mal vorbeikommt, wird statt der Weitsicht erst einmal die seltsamen Gestalten bestaunen, die sich auf dem Hochplateau der Hohen Reisch versammelt haben. 200 bis 300 kunstvoll aufgetürmte Steinhaufen stehen stumm und starr auf der 2000 Meter hohen Bergkuppe zusammen. „Stoanerne Mandln" (Steinerne Männchen) nennen sie die Einheimischen und erzählen: Vor langer Zeit habe dieses Hochplateau über dem Etschtal als Hexentanzplatz gedient. Handelt es sich demnach um verzauberte Wanderer? Oder doch nur um Wegweiser, die einst Hirten hier aufbauten? Unbestritten ist, dass die 360-Grad-Aussicht von hier oben ihresgleichen sucht: Sarntaler Alpen und Texelgruppe, Ortlergruppe und Dolomiten – sie alle stehen brav aufgereiht im Kreis. Der Weg zu so viel Panorama ist einfach: Vom Berggasthof „Sarner Skihütte" im Sarntal wandert man in etwas über einer Stunde durch Almwiesen bis zum Hochplateau.

DAUER: 3 Stunden (Auf- und Abstieg)
SCHWIERIGKEITSGRAD: leicht
VORAUSSETZUNGEN: Trittsicherheit
68 START: Berggasthof „Sarner Skihütte" (momentan geschl.)
EINKEHRMÖGLICHKEIT: „Avener Alm"; Ende Mai bis November
BEGEHBAR: Von Mai bis Oktober (je nachdem, wann der erste Schnee fällt)

8 DAS FAMILIEN-ABENTEUER Rastenbachklamm

Kinder, die Wandern bisher immer doof fanden, bekehrt man mit einer Tour durch die Rastenbachklamm am Kalterer See (s. Foto oben). Die Klamm – eine schattige Schlucht, durch die reißend der Rastenbach rauscht – führt von Altenburg hinab in Richtung See. Über enge Steige und Holzbrücken, Leitern und Stege geht es derart aufregend an sprühenden Wasserfällen, natürlichen Steinwannen, quer liegenden Baumriesen und unheimlichen Abgründen vorbei, dass die Langeweile keine Chance hat. Mit der Aussicht auf so viel Abenteuer vergeht für Kinder auch der Anmarsch zur Schlucht, der von Kaltern aus durch frischen Buchenwald nach Altenburg führt, wie im Flug. Zurück wandert man gemütlich über Bärental- und Kardatscherweg.

DAUER: 3 bis 3,5 Stunden (Rundweg)
SCHWIERIGKEITSGRAD: einfach
VORAUSSETZUNGEN: Trittsicherheit und Schwindelfreiheit; der Weg durch die Klamm ist zwar gut gesichert, für Kleinkinder aber oft zu rutschig
69 START: an der Sportzone St. Anton bei Kaltern
EINKEHRMÖGLICHKEIT: „Altenburger Hof" (mit Kinderspielplatz!), „Sonnegghof"
BEGEHBAR: ganzjährig (solange kein Schnee liegt)

9 DIE SONNTAGS-WANDERUNG Auf dem Waalweg nach Juval

Obstgärten, Kastanienwälder, Robinien und dazu das leise Plätschern des Wassers: Ein Spaziergang auf einem Waalweg beruhigt die Nerven und tränkt die Sinne. Waale sind historische Bewässerungskanäle, mit denen die Vinschger Bauern das Wasser aus höher gelegenen Bergtälern zu ihren trockenen Feldern leiten. Die daneben verlaufenden Wege, die ursprünglich nur der Wartung dienten, sind heute beliebte Wanderwege. Der Tscharser Waalweg, der am Vinschger Sonnenberg vom Örtchen Tschars bis nach Schloss Juval führt, stammt aus dem frühen 16. Jahrhundert und ist immer noch in Betrieb. Zurück nach Tschars geht es eine Etage tiefer auf dem wesentlich jüngeren Stabener Waalweg durch Weinberge und Apfelplantagen. Zur Halbzeit der Wanderung kann man im mittelalterlichen Schloss Juval, dem Wohnsitz Reinhold Messners, das Messner Mountain Museum besichtigen.

DAUER: 2,5 bis 3 Stunden
SCHWIERIGKEITSGRAD: leicht
VORAUSSETZUNGEN: Trittsicherheit
70 START: an der Pfarrkirche von Tschars, erst über Weg Nr. 1a, dann nach 300 Metern auf Weg Nr. 3 weiter
EINKEHRMÖGLICHKEIT: „Schlosswirt Juval", „Schlossbauer"
BEGEHBAR: ganzjährig

10 DIE GENUSSWANDERUNG Ultner Höfeweg

Nirgendwo in Südtirol sind die jahrhundertealten Bergbauernhöfe so schön und zahlreich wie in dem stillen, vom Massentourismus weitgehend unversehrten Ultental bei Meran. Atemberaubend steil fallen auf der südgewandten Talseite die Wiesenhänge ab, an denen sich die Höfe festklammern. An ihnen führt der Ultner Höfeweg vorbei; an Schindeldächern und Geranien, gestapeltem Brennholz und gackernden Hühnern, Kruzifixen und schlafenden Katzen. So schön ist das Ultental, dass man versucht ist zu vergessen, wie hart und mühsam das Leben der Bergbauern war und ist. Der Höfeweg verläuft in jede Richtung anders: Auf der Sonnenseite, an der die Höfe liegen, führt er ins Tal hinein, auf der anderen, der bewaldeten Schattenseite, geht es in munterem Auf und Ab über Pfade und Forstwege wieder hinaus aus dem Ultental zum Ausgangspunkt in Kuppelwies.

DAUER: Rundweg 5 Stunden
SCHWIERIGKEITSGRAD: leicht
VORAUSSETZUNGEN: Trittsicherheit
71 START: im Ort Kuppelwies
EINKEHRMÖGLICHKEIT: „Hofschank Bei den Urlärchen",
BEGEHBAR: von Mai bis Oktober (je nach Schneeverhältnissen)

Dach und Fach: Der Ultner Höfeweg führt entlang schönster Tirolerhäuser

MERAN

WAS FÜR EIN SCHAUSPIEL!

Die Berge nah, das Wetter mild, das Leben lässig: Meran bietet die perfekte Bühne für entspannte Urlaubstage. Schauen Sie mit uns hinter die Kulissen

VON **PETRA MEYER-SCHEFE** (TEXT)

Meran vom Logenplatz aus betrachtet. Der Koch Luigi Ottaiano vom „Kallmünz“ (re. o.) war einst Opernsänger, sein Küchenchor ist fernöstlich. Darunter die Laubengasse in voller Szenenbeleuchtung. Unten eine Meraner Kostümprobe: Mode von Dimitri

„Hotel Therme Meran“

HOTELS

* HOTEL THERME MERAN

Der Südtiroler Star-Architekt Matteo Thun gestaltete dieses Haus – außen mit einer geradlinigen Fassade, drinnen mit kräftigen Farben und dem für ihn typischen klaren Formen. Warme Holztöne sorgen dafür, dass die Zimmer trotzdem behaglich sind, das grandiose Bergpanorama vorm Fenster fürs Südtirol-Gefühl und ein unterirdischer Gang für den Luxus, bequem im Bademantel zur wunderbaren Therme zu gelangen (siehe S. 67). In der in dunklem Rot gehaltenen Lounge trinkt man seinen Spritz unter einer modernen Version des Hirschgeweihs. *Thermenplatz, Tel. 0473-25 90 00, www.hotelthermemeran.it; DZ/F ab 165 €*

* HOTEL AURORA

Familie Aukenthaler traut sich was – und ließ den Zimmern ihres 46 Jahre alten Hotels vom Florentiner Designer Simone Micheli eine radikale Verjüngungskur verpassen. Nach dem Lifting glänzt Zimmer 35 nun silbern, Zimmer 25 erstrahlt ganz in Weiß, Suite 150 verblüfft mit apfelgrünen Schrankelementen, blauem Licht unterm Bett und einem Fernseher an der Decke. Zentrale Lage an der Passer. *Passerkurpromenade 38, Tel. 0473-21 18 00, www.hotelaurora.bz; DZ/F ab 138 €; 15.1.–28.2. geschl.*

* HOTEL VILLA TIVOLI

Eine Oase der Ruhe, nur fünf Fahrradminuten vom Zentrum entfernt. Wunderschön ist der Garten am Hang mit vielen exotischen Pflanzen. Der Pool bietet eine grandiose Aussicht und ist mit radonhaltigem Wasser aus eigener Quelle gefüllt – ein wahrer Jungbrunnen für Menschen mit Gelenkproblemen. In den Zimmern findet sich ein exquisiter Mix aus Antiquitäten und Modernem wie beispielsweise den wunderbaren Barcelona-Chairs von Mies van der Rohe. Ebenfalls empfehlenswert: das Restaurant „Artemis". *Verdistr. 72, Tel. 0473-44 62 82, www.villativoli.it; DZ/F ab 160 €; 12.11.–15.3. geschl.*

* HOTEL WESSOBRUNN

Ein bisschen außerhalb im Stadtteil Gratsch gelegen. Dafür scheint hier, am Südhang des Küchelberges, die Sonne am längsten. Modern eingerichtete Zimmer und ein herrlicher Garten mit Pool. Kostenloser Fahrradverleih. *Laurinstr. 99, Tel. 0473-22 03 20, www.hotel-wessobrunn.com; DZ/F ab 90 €; Januar bis Mitte März geschl.*

„Hotel Aurora"

* HOTEL ZIMA

Christa Raffeiner, eine kunstinteressierte Juristin, führt ihr von den Eltern übernommenes Haus mit ansteckendem Enthusiasmus. Ein Ort der Begegnung soll es sein, Single- und Stammgastwochen gehören ebenso zum Programm wie kulturelle Abende und Ausflüge. Das ruhig gelegene Hotel in Obermais hat einen recht altmodischen Charme: Kronleuchter, ausladende Polstermöbel, gehäkelte Tischdecken – doch genau das mögen viele Gäste. *Winkelweg 83, Tel. 0473-23 04 08, www.hotelzima.com; DZ/F ab 98 €*

* SITTNERHOF

Urlaub auf dem Bauernhof, mitten in der Stadt. Familie Brunner betreibt Wein- und Obstbau und bietet sechs komfortable Zimmer mit Frühstück an. Lieblinge der Kinder: zwei störrische Ponys und ein Hund. *Verdistr. 60, Tel. 0473-22 16 31, www.bauernhofurlaub.it; DZ/F ab 80 €; 10.11.–28.2. geschl.*

* HOTEL PARTANESHOF

Ein Weingut mit Vier-Sterne-Hotelkomfort unweit des Stadtzentrums. Schöne, gepflegte Zimmer, Sauna, Pool. Für Sonnenhungrige gibt es eine Liegewiese und eine Terrasse mit Blick ins Etschtal. Dort können Gäste nachmittags den hausgemachten Kuchen genießen. *Verdistr. 66, Tel. 0473-44 62 60, www.partanes.com; DZ/F ab 112 €*

* HOTEL ANSITZ PLANTITSCHERHOF

Wellness de luxe im Villenviertel Obermais unweit des „Sisi-Weges" und der Gärten von Schloss Trauttmansdorff (siehe S. 64). Massagen, Beauty, Radtouren, Aquafitness, Pilates – jeden Tag steht etwas anderes auf dem Programm. Verwöhnmenüs und erlesene Weine sind die verdiente Belohnung für das gesunde Leben. *Dantestr. 56, Tel. 0473-23 05 77, www.plantitscherhof.com; DZ/F ab 120 €; 11.1.–11.2. geschl.*

Hotel „Villa Tivoli"

Maria Grazia Virgadaula, Goldschmiedin am Sandplatz

„Ich komme aus dem Vinschgau, lebe aber seit dem 14. Lebensjahr in Meran – für mich die ideale Stadt, weil ich so schnell in den Bergen bin. Besonders schön und nicht schwierig ist die Wanderung zum Orenknott. Man fährt von Partschins mit der neuen Texelbahn auf den Giggelberg. Dann nimmt man die Steige Nr. 2 und Nr. 25 A hinauf zum 2258 Meter hohen Orenknott – von dort hat man eine wunderschöne Aussicht. Abstieg auf Steig Nr. 25 und über die Orenalm und Horchforch auf dem Meraner Höhenweg Nr. 24 zur Texelbahn zurück. Vier Stunden ist man unterwegs und hinterher einfach nur glücklich." Werkstatt: Sandplatz 13b, Tel. mobil 320-257 54 81

„Kallmünz“

RESTAURANTS

Rudolf Ladurner, Intendant Theater in der Altstadt

„Natürlich möchte ich Ihnen unser kleines Theater in der Altstadt ans Herz legen. Bislang besteht unser Publikum zum größten Teil aus Einheimischen. Dabei bieten wir an 140 Abenden im Jahr bestes Theater, Musik und Kabarett – auf Hochdeutsch! Außerdem empfehle ich meine Lieblingsradtour entlang der Passer: 19 Kilometer sind es bis St. Leonhard. Stadtauswärts geht es leicht bergan, zurück gemütlich bergab. Man kann nett einkehren. Eine Strecke wie geschaffen für Kinder und Sportmuffel wie mich.“ Theater in der Altstadt, Freiheitsstr. 27, Tel. 0473-21 16 23, www.tida.it

*** SISSI–RESTAURANT ANDREA FENOGLIO** Hoch leben die Kontraste: In einer Jugendstilvilla mit Terrazzoboden und Kaiserin-Sisi-Fotos an den Wänden bringt Andrea Fenoglio moderne Gerichte auf den Teller. Delikat das geräucherte Makrelenfilet mit Apfel und Ingwer, fein der Flan mit Polenta und Trüffeln, lustig die „flüssige Pizza Margherita“ (ein Mozzarella-Spieß auf einer Kräuter-Emulsion), und köstlich sind sie alle. Die Weinkarte ist kundig zusammengestellt, durchs offene Fenster wehen eine warme Brise und Vogelgezwitscher – nur nette Tischgesellschaft müssen Sie selbst mitbringen für einen vollkommenen Abend. *Via Galilei 44, Tel. 0473-23 10 62, www.andreafenoglio.com; Mo geschl.*

*** KALLMÜNZ**

Luigi Ottaiano war Opernsänger, bevor ihn seine Leidenschaft von der Bühne in die Küche trieb. In seinem puristischen Restaurant in der alten Remise von Schloss Kallmünz serviert der Neapolitaner mediterrane Küche mit asiatischer Note. Köstlich als Vorspeise: die drei Tunfisch-Kreationen mit Tomaten, Avocado-Creme und einer Pâté aus Oliven. Als Hauptgericht empfiehlt sich die Goldbrasse mit einer feinen Sauce aus Zitrusfrüchten. Der japanische Sommelier Masashi Yamashita hilft galant bei der Auswahl unter 450 verschiedenen Weinen, die man besonders schön im efeuumrankten Innenhof trinkt. *Sandplatz 12, Tel. 0473-21 29 17, www.kallmuenz.it; Mo, die ersten beiden Juliwochen sowie 11.1.–2.2. geschl.*

„Santer Klause“

*** SANTER KLAUSE**

Drinnen eine holzgetäfelte Stube mit altem Kachelofen, draußen ein von Reben umrankter Garten mit Holztischen und -bänken. Gemütlich ist es. Unverfälscht. Auch die Küche ist traditionell: etwa Südtiroler Weißweinsuppe mit Zimtcroutons, Spinat- und Graukas-Knödel, gebratenes Reh in Rotweinjus mit Polenta. *Passeiergasse 34, Tel. 0473-23 40 86, www.restaurantsanterklause.com; Mi ab 15 Uhr, Do sowie im Februar geschl.*

*** YOSYAG**

Das modern gestaltete Bio-Restaurant gehört zum Sozialzentrum der Kapuzinerstiftung Liebeswerk und hat sich unter den Einheimischen zu einer Lieblingsadresse für ein schnelles, gutes und preiswertes Mittagessen entwickelt. Lasagne mit Spargelspitzen, Eierbandnudeln mit

Wokgemüse, Wiener Schnitzel vom Kalb – die Küche setzt auf Bioprodukte aus heimischen Kleinbetrieben. Unbedingt kosten: das hausgemachte Tiramisù. *Goethestr. 40c, Tel. 0473-20 47 65, www.liebeswerk.org; Sa ab 14.30 Uhr und So geschl.*

* FORSTERBRÄU

Große Küche darf man hier nicht erwarten, dafür Meraner Würstl, Münchner Weißwürstl, gegrillte Hax'n – alles, was der Alpenraum so Deftiges auftischt. Der Service ist flott und freundlich, und nirgends schmeckt ein frisch gezapftes Forst – gebraut im Nachbarort Algund – so gut wie hier im gemütlichen Biergarten unter den Kastanien. *Freiheitsstr. 90, Tel. 0473-23 65 35; Januar bis Ende März Di geschl.*

* SIEBEN

Restaurant, Café, Cocktailbar – in dem holzgetäfelten Lokal mit seinen Schwarzweißfotos von Hollywood-Größen ist zu jeder Tageszeit etwas los. Das Lokal gehört zur Metzgerei Siebenförcher. Man setzt auf Qualität, bei der leichten, mediterranen Küche (köstlich: das Carpaccio vom Schwertfisch) und bei den Getränken. *Laubengasse 232, Tel. 0473-21 06 36, www.bistrosieben.it; Nov. bis Febr. Di geschl.*

* BISTRO THERME

Dem Standort angemessen wird hier eine leichte, gesunde Küche serviert: Kalbsfiletstreifen mit Spargel im Wok, Risotto mit Basilikumpesto und Roastbeef, frische Salate. In der warmen Jahreszeit sitzt man im Freien und genießt den Ausblick auf den weitläufigen Park der Therme Meran. *Thermenplatz 9, Tel. 0473-25 20 43, www.thermemeran.it*

* LEITER AM WAAL

Es gibt Menschen, die kommen nur wegen der köstlichen Marillenknödel. Niemand mache sie so gut wie Seniorchef Hafner, heißt es. Aber er kann weitaus mehr: Der Gault Millau verlieh der wunderbaren südtirolischen Küche des Familienbetriebs jüngst 13 Punkte. Der Platz am Holztisch unter der Laube direkt am Algunder Waalweg mit Blick auf Meran hätte gar die Höchstnote 20 verdient. *Algund, Waalweg, Mitterplars 26, Tel. 0473-44 87 16, www.leiteramwaal.it; Mo Abend, Di, Januar sowie die ersten beiden Juliwochen geschl.*

Andrea Fenoglio im „Sissi"

Weg zum „Leiter am Waal"

Trauttmansdorffer Gärten

Touriseum

Kunst Meran

MUSEEN

* SCHLOSS TRAUTTMANSDORFF

Amerikanische Nadelhölzer, Kakteen aus Wüstengebieten aller Welt, duftende Kräuter und zarte Seerosen bilden das Gesamtkunstwerk des botanischen Gartens. Im Schloss zeigt das Touriseum Souvenirs, Plakate, Speise- und Postkarten seit 1750. Kaiserin Sisi von Österreich verbrachte hier 1870/71 und 1889 mehrere Monate, ihre Gemächer kann man besichtigen. Im „Hotel Fantasia" dürfen Kinder Kleider aus der Belle Époque anprobieren. *St.-Valentin-Str. 51a. Touriseum: Tel. 0473-27 01 72, www.touriseum.it. Die Gärten von Schloss Trauttmansdorff: Tel. 0473-23 57 30, www.trauttmansdorff.it. Kombiticket 10,20 €/Erw., 7,50/Kind (6–18 J.); tägl. 9–18 Uhr (15.5.– 15.9. bis 21 Uhr), Mitte Nov. bis Ende März geschl.*

* KUNST MERAN

Welch ein Gegensatz: In einem alten, aufwendig renovierten Laubenhaus residiert das Museum für Moderne Kunst. Zwei Stockwerke verbindet eine gläserne Treppe. Gezeigt werden in wechselnden Ausstellungen bildende Kunst, Architektur, Literatur, Fotografie und Neue Medien, unter anderen von den Südtiroler Künstlern Ulrich Egger und Eduard Habicher. Von Mai bis September 2010 zeigt Kunst Meran die Ausstellung „Wohnraum Alpen". Thema ist die Entwicklung innovativer Siedlungs- und Wohnkonzeptionen in allen acht Alpenstaaten. Das „Caffè Kunsthaus" auf der Rückseite ist ein beliebter Treffpunkt für Nachtschwärmer. *Laubengasse 163, Tel. 0473-21 26 43; www.kunstmeranoarte.com; 5 €/Erw., Kind bis 14 J. frei; tägl. (außer Mo) 10–18, im Juli/August 11–19 Uhr*

* FRAUENMUSEUM

1988 gründete Evelyn Ortner, ehemalige Besitzerin eines Meraner Second-Hand-Ladens mit einer Sammelleidenschaft für alte Kleidungsstücke, das Kleine Museum für Kleid und Tand. Daraus ist inzwischen das Frauenmuseum geworden, engagiert und international vernetzt. Die Sammlung, die Anfang 2010 von den Lauben in das ehemalige Klarissenkloster am Kornplatz gezogen ist, gibt einen guten Einblick in die sich wandelnde Rolle der Frau und die jeweiligen Schönheitsideale. Ein Spaß auch für Kinder und Teenager. *Kornplatz 3, Tel. 0473-23 12 16, www.museia.it; Eintritt frei; So geschl.*

EINKAUFEN

* SEIBSTOCK

Köstliches Vitello tonnato, sizilianische Kapern, Südtiroler Speck, frische Pasta, Käse und Wein aus ganz Italien … 1890 wurde das bekannte Feinkostgeschäft in Meran gegründet, seit 2000 gibt es eine Filiale in Bozen. Schöne Souvenirs: die hausgemachten Konfitüren und speziellen Grappe. *Laubengasse 227, Tel. 0473-23 71 07, www.seibstock.com*

Runggaldier

* DIMITRI

Dimitrios Panagiotopoulos, ein Südtiroler mit griechischem Vater, lernte sein Modehandwerk bei Vivienne Westwood und Jil Sander. Im Jahr 2006 gründete er sein eigenes Label „Dimitri". Seine Spezialität: Kleider aus fließenden Seidenchiffons. Teuer, aber traumhaft schön. *Kurhauspassage, Freiheitsstr. 24, Tel. 0473-27 02 02, www.bydimitri.com*

Reinhard Schölzhorn, Präsident der Kurverwaltung und Besitzer von Schloss Pienzenau

„Für viele Urlauber ist Meran nur ein Tagesausflug in ihrem Ferienprogramm. Dabei hat die Stadt so viel zu bieten – wie zum Beispiel die Gartennächte in Schloss Trauttmansdorff. An fünf Abenden treten am Seerosenteich Weltmusiker aus den unterschiedlichsten Teilen dieser Erde auf. Der Sternenhimmel, das beleuchtete Schloss, der Garten, die exotische Musik – diese stimmungsvollen Konzerte machen einen Urlaub unvergesslich." Zwischen Juni und August

* SIEBENFÖRCHER

Im Laden duftet es verführerisch nach Südtiroler Speck und Schinken. Vor dem Schaufenster stehen die Touristen und staunen über die 100 verschiedenen Wurstsorten. *Laubengasse 168, Tel. 0473-23 62 74, www.siebenfoercher.it*

* CONFISERIE PFITSCHER

An den Meraner Tortchen führt kein Weg vorbei. Mit Nuss- oder Mokkageschmack sind die mit Schokolade überzogenen Knusperwaffeln ein beliebtes Mitbringsel aus der Passer-Stadt, besonders die echten von Pfitscher. *Freiheitsstr. 80, Tel. 0473-23 62 54; Sa Nachmittag geschl.*

* HUTSTÜBELE HUTTER

Seit 1872 werden hier Mützen und Hüte aus Filz, Loden oder Stroh hergestellt. Neben den Trachtenvereinen tragen nun auch Trendsetter wieder Hut. Ein unauffälligeres, mollig warmes Mitbringsel: Filzpantoffeln. *Laubengasse 83–85, Tel. 0473-21 01 76, www.hutstuebele.com*

* MARTIN PECHLANER

Kleine Gold- und Silberschmiede-Werkstatt, versteckt in einer Seitengasse gelegen. Jedes Schmuckstück ist eine Einzelanfertigung, mit Leidenschaft und Hingabe geschmiedet. *Rennweg 47, Tel. 0473-23 10 93*

* RUNGGALDIER

Das hellgrüne Strickjäckchen, der Lederrock, das Jankerl, die bunten Dirndlstoffe, die schönen Spitzen und Borten! Merans ältestes Trachtengeschäft weckt ungeahnte Sehnsüchte: Warum nicht gleich eine Tracht maßschneidern lassen? *Laubengasse 276, Tel. 0473-23 74 54, www.trachten-runggaldier.com*

* MERANER WEINHAUS

Erstklassige Weine und gute Beratung gibt es in Günther Hölzls renommiertem Familienunternehmen. *Romstr. 76, Tel. 0473-23 22 53, www.meranerweinhaus.com; Sa Nachmittag geschl.*

* POPPHOF

Auf dem Gut wurde schon 1592 Wein gemacht, der heutige Besitzer und Kellermeister Andreas Menz sorgt für Auszeichnungen im Gambero Rosso. Zum Weingut gehört eine nette Frühstückspension. *Marling, Mitterterzerstr. 5, Tel. 0473-44 71 80, www.popphof.com; DZ/F 60 €*

* MÄRKTE

Dienstags und freitags ist die 4. November-Straße (beim Bahnhof) für den Markt gesperrt: Er bietet ein italienisches Durcheinander aus Kulinarik, Haushaltswaren und Kleidung. Samstags ist Bauernmarkt in der Galileistraße.

Martin Pechlaner

Meraner Weinhaus

– ANSCHAUEN

* LANDESFÜRSTLICHE BURG

Die entzückende kleine Burg mitten in Meran, gleich hinter dem Rathaus, sollte vor 100 Jahren abgerissen werden. Zum Glück entschloss man sich dann doch zur Renovierung. Erzherzog Sigmund von Österreich hatte das zweistöckige Schlösschen im 15. Jahrhundert erbauen lassen. Es diente als Quartier der Tiroler Landesfürsten, da der Weg von Meran nach Schloss Tirol oft zu weit war. Das Inventar stammt aus der Gotik und der Renaissance. Möbel, Küchengeräte und Porträts geben einen guten Einblick in die spätmittelalterlichen Lebensgewohnheiten. Sehenswert auch die historischen Waffen und alten Musikinstrumente. Hochzeitspaare nutzen die Burg gern als romantischen Ort fürs Ja-Wort. *Galileistraße, Tel. 0473-25 03 29; 2 €/Erw., Kind unter 14 J. frei; tägl. (außer Mo) 10–17, So bis 13 Uhr*

* PFARRKIRCHE ZUM HL. NIKOLAUS

Ihr achteckiger Turm, mit 83 Metern einer der höchsten Südtirols, ist das Wahrzeichen der Meraner Altstadt. Die Pfarrkirche, am oberen Ende der Lauben gelegen, ist eines der ersten rein gotischen Baudenkmäler Tirols. 1465 wurde sie in ihrer heutigen Form geweiht. Glasfenster aus der Spätgotik, Fresken des Meisters Wenzeslaus im Turmdurchgang und die Seitenaltartafeln des berühmten Freskenmalers Martin Knoller machen sie sehenswert. *Passeier Gasse 3, Tel. 0473-23 01 74*

* WANDELHALLE

Als Meran noch ein unbekanntes Kuhdorf war, wurde entlang der Passer die Wäsche zum Trocknen und Bleichen aufgehängt. Die Einwohner waren entgeistert, als ihr Bürgermeister Josef Valentin Haller entschied: „Weg mit der Wäsche. Hier kommt ein überdachter Spazierweg für Kurgäste hin!" 1864 wurde die Wandelhalle im Wiener Jugendstil errichtet – sechs Jahre später kam Kaiserin Sisi. Eine Marmorbüste erinnert an den Bürgermeister, dem die Stadt ihren Wohlstand und internationalen Ruf verdankt. *Winterpromenade*

* SCHLOSS TIROL

Mit dem Sessellift von der Galileistraße hinauf nach Dorf Tirol schweben, von dort mit dem Stadtbus zur Endstation und dann zu Fuß zur Stammburg der Grafen von Tirol. Das mächtige Schloss, das dem Land seinen Namen gab, wurde im 11. Jahrhundert auf einem uneinnehmbaren Moränenhügel über dem Etschtal erbaut. Nach- und Neubauten machten es im Laufe der Zeit zur größten Burganlage Tirols. Heute beherbergt es das sehenswerte Südtiroler Landesmuseum für Kultur- und Landesgeschichte. Unterhalb des Schlosstors werden im „Pflegezentrum für Vogelfauna" verletzte Wildvögel aufgepäppelt: tägliche Vogelflugvorführungen! *Schloss Tirol, Dorf Tirol, Tel. 0473-22 02 21, www.schlosstirol.it; Südtiroler Landesmuseum für Kultur- und Landesgeschichte : 6 €/Erw., Kind unter 14 J. frei; tägl. (außer Mo) 10–17, im August bis 18 Uhr, 29. Nov. bis 13. März geschl. Das Pflegezentrum für Vogelfauna: Tel. 0473-22 15 00, www.gufyland.com; 8 €/Erw., 6 €/Kind (6–13 J.), tägl. (außer Mo) 10–17 Uhr, im Sommer tägl. Flugvorführungen, Dez. bis März geschl.*

* DIE SCHÖNSTEN SPAZIERWEGE

Meran hat wunderbare Promenaden. Am bekanntesten: der „Sisi-Weg", den die Kaiserin oft von Schloss Trauttmansdorff zum Kurhaus an der Passer gegangen sein soll. Den schönsten Ausblick auf die Altstadt bietet der „Tappeinerweg", den der Kurarzt Dr. Franz Tappeiner 1893 auf eigene Kosten anlegen ließ. Er führt vier Kilometer am Hang des Küchelberges entlang durch subtropische Fauna. Gemütlich wandert es sich entlang der Waale, alter Bewässerungskanäle. Die Krönung: der „Algunder" und der „Marlinger Waalweg". *Routen samt Karten: www.burggrafenamt.com (unter „Wandern")*

Wandelhalle

ERLEBEN

* THERME MERAN

Eine Oase mit großem Parkgelände mitten in der Stadt – die Therme Meran verleiht dem alten Kurort seit 2005 ein ganz neues Flair. Der Südtiroler Architekt Matteo Thun wählte ein puristisches Design aus Glas, kostbaren Hölzern und edlem Naturstein. 13 Innen- und 12 Außenbecken, zum Teil gespeist durch das radonhaltige Mineralwasser vom Vigiljoch, dazu eine Saunalandschaft der Superlative sowie Schönheitsanwendungen auf der Basis von Äpfeln, Trauben, Kastanien, Molke und Heu, medizinische Wellness und Fitness – täglich kommen an die tausend Besucher. Massagen und Schönheitsanwendungen sollte man rechtzeitig buchen! *Thermenplatz, Tel. 0473-25 20 00, www.therme meran.it; Bäder ab 11 € (2 Std.); tägl. 9–22 Uhr*

* PFERDERENNPLATZ

1896 fand hier das erste Pferderennen für die adeligen Kurgäste statt. Seither sind die Ostermontag-Galopprennen der Haflinger Tradition. 1935 wurde der Rennplatz in faschistischer Monumentalarchitektur umgestaltet. Die Tribünen bieten 15 000 Zuschauern Platz, doch sie müssten dringend überholt werden. Dennoch gilt Meran international als einer der wichtigsten Austragungsorte für Flach- und Hindernisrennen. Höhepunkt: der Große Preis von Meran am 26. September. *Rennstallweg 37, Tel. 0473-44 62 22, www.meranomaia.it; 6 €/Erw., Kind bis 16 J. frei; Turfsaison Ostermontag bis Oktober*

INFOS

* AUSKUNFT

72 *Kurverwaltung Meran, Freiheitsstr. 45, 39012 Meran, Tel. 0473-272000, www.meran.eu*

* INTERNET

www.meranerland.com, www.suedtirol.info, www.burggrafenamt.com, www.stol.it

* VERKEHR

Flughafen: Der Flughafen von Bozen liegt nur 30 Kilometer von Meran entfernt, doch er wird von Deutschland nur im Sommer einmal die Woche per Charter angeflogen *(www.alpsfly reservation.com)*. Billigflüge nach Bergamo (280 km, knappe 3 Std. von Meran) und Verona (184 km, etwa 2 Std.) mit Bustransfer.
Bahn: Züge von München über den Brenner nach Bozen (etwa 4 Std.), auch Nacht- und Autozüge *(www.bahn.de)*. Von Bozen fährt die Vinschger Bahn ca. 40 Minuten nach Meran.
Bus: Der „Meraner Land Express" braucht ab München Hauptbahnhof rund 4 Std. *(www. meranerland.com)*, Einzelfahrt 40 €/Erw., Kind ermäßigt; 20.3.–6.11., Mi/Sa 14 Uhr
Parken: Teuer, aber zentral gelegen ist der Parkplatz unter der Therme Meran.
Fahrrad: Von April bis Oktober kann man über die Kurverwaltung (s. o.) Gratis-Räder leihen.

VERANSTALTUNGEN

* ASFALTART

Internationale Straßenkünstler nehmen die Innenstadt vom 11.–13. Juni 2010 in Beschlag. *Tel. mobil 331-301 33 23, www.asfaltart.it*

* MERANO JAZZ

Auftritte und Workshops international bekannter Jazz-Größen vom 14.–18. Juli 2010. *Tel. 0473-27 02 56, www.meranojazz.it*

* MERANER MUSIKWOCHEN

Klassik-Festival in Kursaal und Stadttheater. Ende Aug. bis Ende Sept. 2010 ist 25. Jubiläum! *Tel. 0473-27 20 00, www.meranofestival.com*

* INTERNATIONAL BRASSFESTIVAL

Internationale Top-Blechbläser spielen im Kursaal am 25. 9. und 2. 10. 2010. *www.meran.eu*

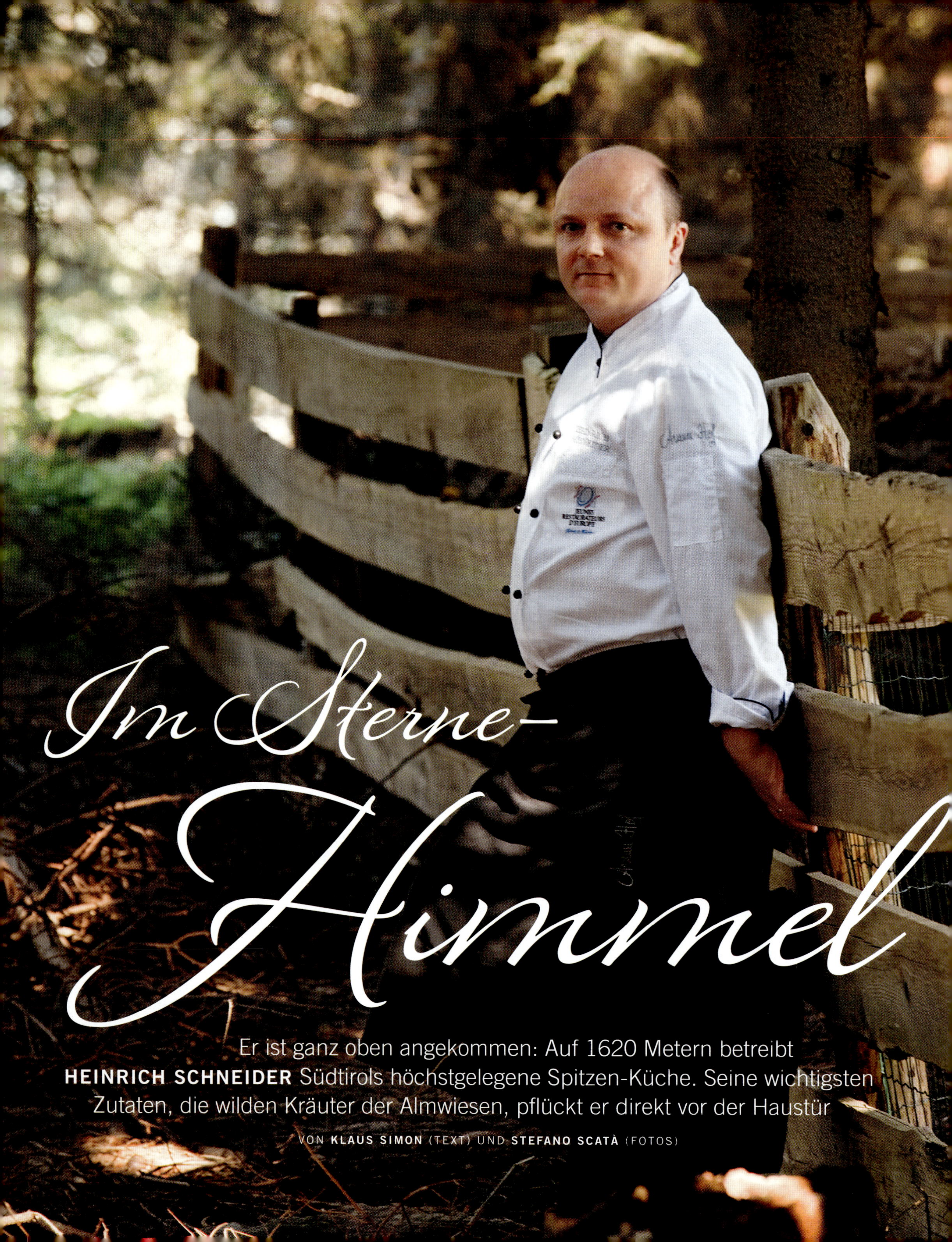

Im Sterne-Himmel

Er ist ganz oben angekommen: Auf 1620 Metern betreibt **HEINRICH SCHNEIDER** Südtirols höchstgelegene Spitzen-Küche. Seine wichtigsten Zutaten, die wilden Kräuter der Almwiesen, pflückt er direkt vor der Haustür

VON **KLAUS SIMON** (TEXT) UND **STEFANO SCATÀ** (FOTOS)

Als Meisterkoch kehrte Heinrich Schneider in das Bergrestaurant seiner Kindheit zurück und schmückte es mit einem Michelin-Stern – zum Beispiel mithilfe seiner hausgemachten Ricotta-Ravioli

Kleiner Raum, große Küche: Hochkonzentriert bereiten Heinrich Schneider und sein Team das Abendmenü vor

A**B SARNTHEIN GEHT ES NUR NOCH AUFWÄRTS.** An satten Almen und jähen Abhängen vorbei fährt man hoch und immer höher über das dünne Sträßchen zum Weiler Auen, vorbei an stattlichen Bergbauernhöfen, durch zappendustren Tann, über knöcheltiefe Schlaglöcher. Langsam kommen Zweifel auf: doch der falsche Weg? Lieber umdrehen? Gerade noch rechtzeitig ermuntert ein Schild zum Weiterfahren: noch drei Kilometer bis zum „Auener Hof". Die löchrige Asphaltpiste mündet in einen Schotterweg, dann taucht am Waldrand das Berghotel auf. Die Fahrt endet auf exakt 1620 Metern – vor Südtirols höchstgelegener Sterne-Küche.

Doch es geht sogar noch weiter in die Höhe: Die Decke des Restaurantsaals steigt bis auf vier Meter an, die Panoramafenster ragen bis unter den Giebel auf. Draußen machen sich Ritten, Schlern, Rosengartengruppe, Rotwand und Latemargruppe wichtig, eine Kulisse von Zwei- und Dreitausendern. Und durch eine Glastür zur Küche kann man einen ganz Großen bei der Arbeit beobachten: Hochkonzentriert agiert dort Küchenchef Heinrich Schneider, den die Berge zu immer neuen Spitzenleistungen inspirieren.

Der 38-Jährige ist kein Mann großer Worte. Wenn aber die Rede auf die Wildkräuter seiner Heimat kommt, auf Gundelrebe und Frauenmantel, Wiesensalbei und Beifuß, ist Heinrich Schneider sofort bei der Sache. „Jedes Wildkraut hat seine eigene Persönlichkeit", sagt der Koch. Von Kindesbeinen an sammelte er mit seiner Mutter Resi in den Wäldern und Almen hoch über dem Sarntal Pflanzen für den Kochtopf. 1976 hatte die Mutter den „Auener Hof" eröffnet; sie lehrte den Buben, dass Brunnenkresse an den Salat gehört und frischer Bärlauch feinere Noten entwickelt als Knoblauch. So nahm seine kulinarische Leidenschaft ihren Anfang. Viele Jahre später lernte Heinrich Schneider von einem Kräuterexperten am Versuchszentrum für Obst-, Wein- und Gartenbau in Laimburg noch ungewöhnlichere Kräuter kennen und schätzen, die er seither in seiner Küche einsetzt: etwa den Wiesenknopf mit seinen frischen Gras-Aromen oder das Leimkraut, das gedünstet leicht nussig schmeckt.

1998 übernahm Heinrich Schneider den „Auener Hof". Seitdem hat der passionierte Frühaufsteher seinen Platz im Leben gefunden. Wenn draußen noch alles taufrisch ist und unten im Tal langsam der Alltag erwacht, rupft er in den Wiesen bereits Stängel, riecht an den austretenden ätherischen Ölen und überlegt, zu welchem Gericht der Geschmack passen könnte. Er hat bis heute eine fast kindliche Freude an der Kräuterpirsch – und nimmt seine drei Söhne mit, wann immer es geht.

Weit brauchen die kleinen Krauter nicht auszuschwärmen. Fast alles, was ihr Vater für seine Rezepte benötigt, wächst vor der Tür des „Auener Hofs". Seine jahrelange Kräuterrecherche findet besonders im Frühling und Sommer auf der Speisekarte ihren Niederschlag. Knoblauchrauke verfeinert ein Pesto oder würzt die Ravioli- →

Idyllisch liegt der „Auener Hof" weit oben am Hang über dem Sarntal. Brotlos muss dort niemand glücklich werden: Allein vom exquisiten Inhalt des Brotkorbs könnte man schon ganz gut leben

füllung. Guter Heinrich, ein wilder, aromatischer Spinat, bildet einen feinherben Kontrast zu schwarzen Trüffeln oder begleitet als Creme ein Millefeuille von Semmelknödeln und Kalbszunge (Rezept s. S. 39). Aus Löwenzahn oder Gundelrebe rührt Heinrich Schneider ein Eis, an dessen herbsüße Würze oder feines Kräuteraroma man sich noch lange erinnert (s. S. 43).

„Druidenkoch" hat ein italienischer Gastrokritiker den Küchenchef vom „Auener Hof" wegen seiner Vorliebe für Wildkräuter getauft – ein Titel, der Heinrich Schneider schmunzeln lässt. Dabei stehen längst nicht nur Kräuter auf dem Küchenzettel des „Auener Hofs", sondern Spitzenprodukte aus dem Sarntal und ganz Südtirol. Schneider kennt jeden Lieferanten und Produzenten persönlich. Pfifferlinge und Steinpilze sammelt die Bäuerin eines Nachbarhofs für ihn. Der Honig stammt vom Imker in Auen. Die Eier liefert ein Freilandhof aus dem Pensertal. Beim Wild hat er die Wahl unter 229 Jägern im Sarntal. Es sei alles eine Sache des Vertrauens, sagt Schneider, dessen rastlose Suche nach Qualitätsware Anreiz für manchen Produzenten war, auch mal was Neues auszuprobieren. „In den vergangenen zehn Jahren hat sich viel getan auf den Bauernhöfen im Sarntal."

Er scheut keinen Weg, wenn es um den Geschmack geht. In einer seiner wenigen freien Stunden fährt er ganz hinunter ins Tal und auf der anderen Seite wieder hinauf auf den Ritten zur Hofkäserei des „Erschbaumerhofs". Der mit Bergkristallsalz behandelte, in Walnussblätter gepackte „Nusser" und der in Asche gereifte „Aschenputtel" sind ihm die weite Fahrt allemal wert. „Das reine Produkt zu schmecken", darum geht es ihm immer wieder.

Auch dahin wiesen die Eltern ihm den Weg. „Sie haben viel Wert darauf gelegt, dass wir gutes Essen schätzen lernten", erzählt der Küchenchef beim Zerlegen einer Kaninchenleber, aus der er ein Parfait für die Variation vom Sarner Kaninchen (S. 38) zubereiten wird. Auf einer Reise ins Elsass aß Heinrich Schneider zum ersten Mal Schnecken – da war er gerade mal drei Jahre alt. Etwas später ging es an die bretonische Küste. Der Dauerregen dort wurde dazu genutzt, alle Gourmet-Restaurants der Gegend durchzutesten.

Wie schon sein Bruder Walter machte auch Heinrich eine Ausbildung zum Koch. Die erste Station war die Südtiroler Hotellegende „La Perla" in Corvara. In der elsässischen „Auberge du Cheval Blanc" lernte der legendäre Fernand Mischler den wissbegierigen Südtiroler dann in der Verwendung von Spitzenprodukten und der Bedeutung kunstvoll angerichteter Teller an. Als Schneider vor zwölf Jahren das elterliche Restaurant übernehmen sollte, beschloss er, die solide bürgerliche Küche der Mutter durch eigene, innovative Rezepte zu ersetzen. Freunde und Kollegen warnten: Das Sarntal liege zu weit entfernt von den touristischen Tummelplätzen Südtirols, eine gastronomisch anspruchsvolle Küche sei hier kaum durchzusetzen und damit nicht überlebensfähig – ganz zu schweigen von der Lage des „Auener Hofs" hoch über dem Tal.

Die feinen Kräutergerichte werden im Gastraum unter Jagdtrophäen serviert. Minzblätter, Kornblumen und Sauerklee stammen von der Wiese vorm Haus

DOCH SCHNEIDER LIESS SICH NICHT BEIRREN. Dabei half, dass auch seine jüngere Schwester Gisela in das Berghotel unter dem Avenjoch zurückkehrte. Sie hatte nach der Hotelfachschule in Meran eine Ausbildung zur Sommelière absolviert, in Bremen und Nîmes gearbeitet. „Aber wir sind Bergmenschen und hätten gar nicht anders gekonnt, als hier zu leben", sagt sie.

Das Schneider'sche Erfolgsteam hat sich klare Regeln auferlegt. Die Speisekarte wechselt im Rhythmus der Jahreszeiten, neue Rezepte werden erst angeboten, wenn Heinrich und Gisela Schneider hundertprozentig von der Geschmackskombination und der Präsentation auf dem Teller überzeugt sind. Mancher Versuch endet sang- und klanglos mit einem klaren Nein. Kulinarische Lichtjahre trennen den „Auener Hof" heute von den Anfängen mit Wiener Schnitzel und Knödeln. Das hohe Niveau beweist sich etwa beim langsam gegarten, butterzarten Milchferkel, das unter einer krossen Haut auf den Tisch kommt. Begleitet wird der Gang von einem sahnigen Selleriepüree, dem die feine Säure des Balsamicojus-Spiegels Paroli bietet.

Auf edle Tischwäsche und feines Porzellan legen die Geschwister großen Wert – die Schaumsuppe von Wildkräutern mit leicht angebratenen Jakobsmuscheln etwa wird in einer Pokalschale mit Porzellanhaube serviert. Ansonsten hat sich im Restaurantsaal, den Gisela Schneider mit leichter Hand führt, seit den Anfängen des „Auener Hofs" wenig verändert. Der Siebziger-Jahre-Rustikalchic blieb erhalten, die Tische sind angenehm großzügig über den Saal verteilt. Bei maximal 30 Gedecken ist man gut beraten, zu reservieren – erst recht, seit der Michelin Heinrich Schneiders Küche 2009 mit einem Stern belohnt hat. ■

Über alle Berge geht der Blick vom „Auener Hof". Der gute Geschmack ist hier oben eine Familienangelegenheit: Sommelière Gisela (Mitte) ist Heinrich Schneiders Schwester

73 74 *„Auener Hof", Sarnthein (7,5 km westl.), Auen 21, Tel. 0471-62 30 55, www.auenerhof.it; Mi, So Abend geschl.; Hauptgerichte ab 16 €, 4-Gänge-Menü 55 €, 6-Gänge-Menü 74 €; DZ/F ab 80 €*

FEDERLEICHTE Sommerküche

Restaurant „Auener Hof" im Sarntal

Wiesenknopf, Erle, Gundelrebe: Mit den Zutaten der Berge treibt Sterne-Koch Heinrich Schneider die Kulinarik auf die Spitze. Nachzukochen nur von schwindelfreien Hobbyköchen!

VON **HEINRICH SCHNEIDER** (REZEPTE) UND **STEFANO SCATÀ** (FOTOS)

Gelierte Ravioli vom Tunfisch

mit Öl vom Kleinen Wiesenknopf, Orangen-Thymian-Brot und Hummercoulis

ZUTATEN *für 4 Personen*

Für die gelierten Ravioli:
500 ml geklärte Fischbrühe (selbstgemacht oder aus dem Feinkosthandel)
20 g Blattgelatine
1 Messerspitze Safranfäden (aus dem Feinkosthandel, wahlweise Safranpulver)
140 g frisches Tunfischfilet, in kleine Würfel geschnitten
Salz
2 TL kalt gepresstes Olivenöl aus der Toskana
1 EL klein geschnittene Wiesenknopfblätter in 2 EL Olivenöl, ersatzweise 3–4 Blätter Minze*

Für die Hummercoulis:
2 geschälte Schalotten
2 mittelgroße, geschälte, entkernte und gewürfelte Tomaten
1 Knoblauchzehe, 1 EL Olivenöl
1 Thymianzweig
300 ml Hummerbrühe (aus dem Feinkostladen)
100 ml Sahne
Salz, weißer Pfeffer

Für das Orangen-Thymian-Brot:
2 EL Milch
3 kleine Eier
30 g Zucker
geriebene Schale von 1/2 Orange
1 TL gehackter Thymian
10 g Hefe
250 g Mehl
Salz
200 g weiche Butter

ZUBEREITUNG

Für die **Ravioli** die Fischbrühe mit dem Safran erhitzen. In diesem Fond die zuvor eingeweichte Gelatine auflösen, gut verrühren und anschließend auf ein leicht gefettetes tiefes Blech gießen, etwa 3 mm hoch. Im Kühlschrank 3 Stunden erstarren lassen. Dann mithilfe eines kleinen Messers in 4 x 4 cm große Blätter schneiden und im Kühlschrank bereithalten. Den Tunfisch für die Füllung der Gelee-Ravioli mit Salz und etwas Olivenöl abschmecken.

Für die **Hummercoulis** Schalotten, Tomaten und Knoblauch in Olivenöl anschwitzen, Thymianzweig, Hummerbrühe und Sahne dazugeben. Mit Salz und Pfeffer würzen, etwas einkochen lassen, Thymian entfernen, alles fein pürieren.

Für das **Orangen-Thymian-Brot** Milch, Eier, Zucker, geriebene Orangenschale, Thymian und Hefe in einem Schneekessel über Wasserbad leicht schaumig schlagen. Mehl, Salz und Butter einarbeiten und in eine gefettete, mit Mehl bestäubte Form geben. Den Teig in der Form an einem warmen Ort 15 Minuten aufgehen lassen, danach im Ofen ca. 25 Minuten bei 165 °C backen. Das Brot in der Form erkalten lassen, stürzen, in kleine Würfel schneiden. Zum Servieren wieder leicht erwärmen.

Fertigstellung
3 Gelatinequadrate auf jedem Teller anrichten, mit Tunfisch belegen. Drei weitere Gelatineblätter darüberlegen, mit etwas Wiesenknopf-Öl beträufeln. Mit Orangen-Thymian-Brot anrichten, etwas warme Hummercoulis dazugießen.

*** Der Kleine Wiesenknopf** wächst von März bis November auf trockenen Wiesen, in lichten Wäldern, an Böschungen und am Wegesrand. Die blassgrünen Blätter im Zentrum der Grundrosette sind besonders zart und schmecken leicht nach Gurke oder unreifen Nüssen. Nur frisch verwenden!

Variation vom

Sarner Kaninchen

ZUTATEN *für 4 Personen*

Für die Terrine:
2 Kaninchenkeulen
Salz, Pfeffer
1 Thymianzweig
50 g Butter
300 ml entfetteter passierter Bratensaft oder Gemüse- bzw. Fleischbrühe
1 mittelgroße Karotte in kleinen Würfeln
1 halber Zucchino, in kleine Würfel geschnitten
12 g Blattgelatine
4 Endivienblätter (vom Frisée-Salatkopf)
Senfdressing (1 TL Senf, 2 TL Weißweinessig, 2 EL Olivenöl, Salz, weißer Pfeffer)

Für das Leberparfait mit Apfelpüree:
250 g Kaninchenleber (beim Fleischer vorbestellen)
1 Schalotte
100 ml Portwein
100 ml Cognac
3 weiße Pfefferkörner
1 Zweig Majoran
Pökelsalz (beim Fleischer oder im Feinkosthandel bestellen)
1 TL Trüffelöl
200 g geklärte Butter
1 Ei
1 mittelgroßer Apfel (möglichst „Gala")
400 ml kräftiger Rotwein (z. B. Lagrein)
2 Gewürznelken
1 kleine Zimtstange
50 g Zucker
eine Prise Vanillezucker

Für das Carpaccio:
4 Scheiben dünn geschnittenes Kaninchenfilet
etwas Maldon-Meersalz (aus dem Feinkosthandel)
1 kleiner frischer Steinpilz
2 EL Olivenöl extravergine
3 TL Zitronensaft

ZUBEREITUNG

Für die **Terrine** die Kaninchenkeulen mit Salz und Pfeffer würzen, in einem Vakuumbeutel samt Thymian und Butter mit einem Vakuumiergerät (ab ca. 80 € im Küchenbedarf) einschweißen oder alternativ in einen Schmortopf mit dicht abschließendem Deckel geben. Im Ofen bei 120 °C vier Stunden garen. Anschließend die Knochen aus den Keulen ziehen. Bratensaft mit den Gemüsewürfeln erhitzen und die zuvor eingeweichte Gelatine dazugeben. Das Kaninchenfleisch in kleine Stücke schneiden und in eine Form geben. Bratensaftgelee darübergießen, im Kühlschrank stocken lassen. Dann in die gewünschte Form schneiden.
Für das **Leberparfait** die Kaninchenleber in kleine Streifen schneiden. Schalotte, Portwein, Cognac, Pfefferkörner und Majoran köcheln, bis die Flüssigkeit auf ein Viertel reduziert ist. Die Reduktion abkühlen lassen, dann über die Leber seihen. Mit Pökelsalz und Trüffelöl würzen, im Kühlschrank eine Stunde ziehen lassen. Danach mit den restlichen Zutaten, Butter und Ei, fein pürieren und in eine Pressterrinenform gießen. Das Ganze im Wasserbad bei ca. 80 °C 20–25 Min. garen. Über Nacht im Kühlschrank abkühlen lassen.
Für das **Apfelpüree** Apfel in kleine Stücke schneiden, mit Rotwein, Nelken, Zimt, Zucker und Vanillezucker einkochen und mit einer Gabel zerdrücken.
Fertigstellung
Auf die Mitte des Tellers etwas Apfelpüree geben. Mit dem Löffel eine Leberparfaitnocke formen, darauflegen. Die Terrine auf ein Bouquet aus Endivie und Senfdressing legen. Für das **Carpaccio** die Filetscheiben mit Maldon-Salz bestreuen, Steinpilz hauchdünn darüberhobeln, mit Öl und Zitronensaft beträufeln.

Millefeuille von Semmelknödel und Kalbszunge mit Gutem Heinrich

ZUTATEN *für 4 Personen*

Für die Zunge:
1 gepökelte Kalbszunge, ca. 1 kg (beim Fleischer vorbestellen)
1 mittelgroße Karotte
1 Selleriestange
1/2 geschälte Zwiebel
1 Lorbeerblatt, 5 weiße Pfefferkörner
Für die Knödel:
40 g Zwiebelwürfel
50 g Butter
150 ml Milch
150 g getrocknete Weißbrotwürfel
2 EL gemischte und gehackte Kräuter: Petersilie, Schnittlauch, Kerbel
2 Eigelb
Salz
2 Eiweiß
Für den Guten Heinrich:
*50 g Guter Heinrich/Wilder Spinat**
50 g Spinat
2–3 EL Sahne zum Pürieren
Salz
1 Messerspitze geriebene Muskatnuss
2 EL Sahne
1 TL Meerrettich
100 ml Kalbsjus (selbstgemacht oder aus dem Feinkosthandel)

ZUBEREITUNG

Die **Zunge** mit Gemüse und Gewürzen in einem hohen Topf mit Wasser je nach Größe 2–3 Stunden köcheln lassen. Aus der Brühe nehmen, die Haut abziehen, das Fleisch in Scheiben schneiden und in der Brühe warm halten.
Für die **Knödel** die Zwiebelwürfel in der Butter andünsten, Milch dazugeben, kurz erwärmen, über die Weißbrotwürfel gießen, gehackte Kräuter und Eigelb dazugeben, salzen. Das Eiweiß mit etwas Salz zu Schnee schlagen und unter die Knödelmasse heben. Ein feuchtes Tuch auslegen, die Masse einfüllen, von unten nach oben einrollen. Beide Enden mit Küchengarn abbinden und in Salzwasser ca. 25 Minuten köcheln lassen. Aus dem Wasser nehmen, vorsichtig aus dem Tuch rollen, abkühlen lassen. In feine Scheiben schneiden, einseitig in Butter anbraten.
Den **Guten Heinrich** und den Spinat kurz blanchieren, mit der Sahne fein pürieren, mit Salz und Muskat abschmecken.
Fertigstellung
Spinatcreme in der Tellermitte anrichten, Zunge und Knödel abwechselnd aufschichten. Sahne und Meerrettich verrühren, darüberträufeln, mit Kalbsjus begießen. Mit Kräutern und Brotchip garnieren.

* **Guter Heinrich** lässt sich durch normalen Blattspinat ersetzen, der jedoch ein weniger würziges Aroma hat. Tipp: Gärtner können aus Samen leicht eigene winterharte Stauden ziehen. Blätter können von Februar bis November geerntet werden. Nur junge Blätter verwenden, die alten schmecken bitter.

In Mandeln gebratenes Zanderfilet mit Espuma von Gartenkarotten und Himbeeressigreduktion

ZUTATEN *für 4 Personen*

Für die Zanderfilets:
4 Zanderfilets
50 g Butter
10 Rosmarinnadeln
1 EL Mandelblätter, Salz

Für die Gartenkarotten-Espuma:
500 g geschälte Karotten
1 El Olivenöl
200 ml Gemüsebrühe
100 ml Sahne
Salz

Für die Himbeeressigreduktion:
40 g Zucker
200 ml Himbeeressig

Für die Fertigstellung:
4 kleine geschälte Karotten
20 g Butter, Salz, weißer Pfeffer
2 frische Kräutersaitlinge oder Steinpilze
2 TL Olivenöl

ZUBEREITUNG

Für den **Zander** die Butter in einer beschichteten Pfanne schmelzen, Rosmarin und Mandeln hineinstreuen, die Zanderfilets mit der Hautseite darauflegen, leicht salzen, bei mittlerer Hitze kurz braten, dann mit der Innenseite nach unten in eine feuerfeste Form geben. Je nach Größe 8–15 Minuten im Umluftofen bei 130 °C garen. Auf 70 °C reduzieren, die Filets noch 5–10 Minuten im Ofen ruhen lassen. Für die **Karotten-Espuma** (Möhrenschaum) Karotten klein schneiden, langsam in Olivenöl dünsten. Öfters ein wenig Gemüsefond angießen, bis die Karotten gar sind. Sahne dazugeben, mit Salz abschmecken, fein pürieren und durch ein Sieb drücken. In einem Siphon zu Espuma aufschäumen (oder als Püree belassen). Für die **Himbeeressigreduktion** den Zucker in einer Pfanne karamellisieren, bis die Färbung beginnt, mit dem Essig auf ein Viertel einkochen, im Kühlschrank bereithalten.

Fertigstellung

Die vier Karotten bissfest kochen, in Butter schwenken, in Streifen schneiden. Die geputzten Pilze der Länge nach achteln, in Olivenöl anbraten, würzen. Karotten und Pilze auf dem Teller anrichten. Die Zanderfilets auf die Karotten-Espuma geben, mit Himbeeressigreduktion beträufeln.

Gebratenes

Zwischenrippenstück

vom Sarner Grauvieh mit Auberginenconfit, Artischocke und Maldon-Meersalz

ZUTATEN *für 4 Personen*

Für das Zwischenrippenstück:
2 Scheiben Zwischenrippenstück vom Rind (ca. 3 cm dick, à 260 g)
Maldon-Meersalz (Feinkosthandel)
weißer Pfeffer
1 EL Olivenöl
2 Zweige Oregano
50 g Butter
150 ml brauner Kalbsjus (Feinkosthandel)

Für das Auberginenconfit:
2 mittelgroße Auberginen
Salz
1 gehackte Knoblauchzehe
2 gehackte Thymianzweige
3 EL kalt gepresstes Olivenöl
2 TL Aceto Balsamico di Modena

Für die Artischocken:
1 Eigelb
1 TL weißer Balsamessig
Salz
100 g geklärte Butter
1 TL klein geschnittener Schnittlauch
weißer Pfeffer
2 mittelgroße Artischocken

ZUBEREITUNG

Die **Zwischenrippenstücke** halbieren, um vier Steaks zu erhalten. Klopfen, salzen und pfeffern, dann in einer Eisenpfanne beidseitig in Olivenöl anbraten und im Umluftofen 4 Minuten bei 210 °C garen. Aus dem Ofen nehmen, auf lauwarmem Teller mit Alufolie bedeckt 7–8 Minuten ruhen lassen.
Für das **Auberginenconfit** die Auberginen waschen, halbieren, salzen, mit dem Knoblauch, Thymian und 2 EL Olivenöl einreiben. In Alufolie wickeln, im Ofen bei 170 °C eine Stunde garen. Herausnehmen, Folie entfernen, mit einem Löffel das Fruchtfleisch herauskratzen, klein schneiden, mit 1 EL Olivenöl und Aceto Balsamico würzen.
Für die **Artischocken** das Eigelb in einen Schneekessel geben, mit dem Balsamessig und etwas Salz im Wasserbad aufschlagen. Vom Wasser nehmen, die lauwarme Butter langsam einrühren. Mit Schnittlauch, Salz, Pfeffer abschmecken. Die Artischocken von den dicken Blättern befreien, die Stiele schälen, die ganze Artischocke längs teilen. Das Artischockenstroh entfernen, die Artischocken in reichlich Wasser weich kochen, bis die Blätter sich leicht lösen lassen. Die abgekühlten Hälften mit Ei-Sauce füllen und im Ofen 4 Minuten bei 210 °C backen.

Fertigstellung

Das Fleisch mit Oregano und Butter kurz anbraten, dann in Scheiben schneiden. Den Kalbsjus auf den Teller träufeln, das Fleisch darauf anrichten, mit etwas Maldon-Salz bestreuen. Das Auberginenconfit dazugeben, eine Artischockenhälfte darauflegen.

Schwarze Tagliolini

mit geräuchertem Oktopus und getrüffeltem, aufgeschlagenem Sarner Freilandei

ZUTATEN *für 4 Personen*

Für die schwarzen Tagliolini:
400 g Weizenmehl
340 g Eigelb (je nach Größe ca. 17 Eier)
1 EL Tintenfischtinte (Nero di Sepia, aus dem italienischen Feinkosthandel oder im Internet bestellen)
Salz
1 TL Olivenöl
2 EL Hartweizengrieß

Für den geräucherten Oktopus:
1 Oktopus, ca. 1 kg, gekocht (ca. 1 Std. pro Kilogramm; beim Fischhändler unbedingt gesäubert und enthäutet vorbestellen!)
*einige grüne Erlenzweige**

Für den Freilandei-Schaum:
2 Eigelb von Freilandeiern
20 g schwarze Trüffel, sehr fein gewürfelt (Nero Dolce di Norcia, italienischer Feinkostladen oder Internet)
100 ml Fischfond (Feinkosthandel)
Salz
2 EL Crème fraîche
weißer Pfeffer
1 EL gehackter Schnittlauch

ZUBEREITUNG

Für die **schwarzen Tagliolini** aus den Zutaten einen geschmeidigen Teig herstellen und 1 Stunde ruhen lassen. Anschließend mit der Nudelmaschine feine Bandnudeln herstellen (oder auf Mehlstaub ausrollen und von Hand in Streifen schneiden). Auf einem mit Hartweizengrieß bedeckten Blech portionsweise bereithalten.

Für den **Oktopus** die Tentakel mit grünen Erlenzweigen leicht räuchern. Dafür die Erlenzweige in einen Topf geben, ein Gitter über den Topf legen und den Kraken darauflegen. Dann erhitzen und die Dämpfe der Erlenzweige einziehen lassen. (Die einfachere Alternative: mit 1 TL dänischem Räuchersalz aus dem Feinkostladen würzen). Anschließend mit einem Vakuumiergerät im Vakuumbeutel einschweißen und 1,5–2 Stunden darin belassen, damit der Räuchergeschmack einzieht. Danach die Tentakel in kleine Streifen schneiden.

Für das aufgeschlagene **Freilandei** die Zutaten in einen Schneekessel geben und über dem Wasserbad vorsichtig zu Schaum aufschlagen.

Fertigstellung

Nudeln in Salzwasser kochen, kurz mit Crème fraîche, weißem Pfeffer, Schnittlauch und dem Oktopus in einer Pfanne schwenken. Anschließend anrichten und mit Schaum beträufeln.

* **Die Erle** wächst als Baum oder Strauch an Bächen, Flüssen und Seen. Blätter trägt sie nur im Sommer, sie sind lederartig mit dicken Blattnerven, auf der Oberseite glänzend. Die Erle ist leicht zu erkennen: Statt einer Spitze haben ihre Blätter eine deutliche Einkerbung. Ihr Holz dient seit Jahrhunderten zum Räuchern.

Praline vom Obergurschner Blauschimmelkäse im Gewürztraminergelee

ZUTATEN *für 4 Personen*

Für die Praline:
20 g Butter
40 g Ricotta
80 g gewürfelter, fester Blauschimmelkäse (z. B. Roquefort)
Salz
100 g Mohnsamen, ungemahlen

Für das Gewürztraminergelee:
150 ml Gewürztraminer Passito
1 g Blattgelatine

Für die Fertigstellung:
4 kleine Scheiben Quittenmostarda (ein fester Quittensenf aus dem italienischen Feinkosthandel)

ZUBEREITUNG

Für die **Praline** die Butter schaumig schlagen, mit Ricotta und Schimmelkäse pürieren. Mit Salz abschmecken, eine Stunde in den Kühlschrank geben, dann Kugeln formen. Den Mohn in einer heißen Pfanne kurz schwenken, erkalten lassen, die Kugeln vorsichtig darin rollen.

Für das **Gewürztraminergelee** einen Esslöffel Wein leicht erhitzen, die zuvor eingeweichte Gelatine darin auflösen, mit dem Rest Wein vermischen, erkalten lassen.

Fertigstellung

Eine Praline auf etwas Gelee setzen und mit einer Scheibe Quittenmostarda belegen.

Apfeltarte mit Gundelrebe-Eis und Rote-Bete-Schaum

ZUTATEN *für 4 Personen*

Für die Apfeltarte:

Apfelbelag:

2 mittelgroße Äpfel, „Jonagold"
300 ml trockener Weißwein
300 ml Wasser
100 g Zucker
5 g Vanillezucker
1 Thymianzweig
2 Gewürznelken
1 kleine Zimtschote

Mürbeteig:

160 g Butter
160 g Zucker
5 Eigelb
230 g Mehl
Salz
5 g Backpulver
1/2 Päckchen Vanillezucker

Für den Rote-Bete-Schaum:

1 mittelgroße Rote Bete, klein geschnitten
1 l Wasser
100 ml Sahne
100 g Zucker
2 g Blattgelatine

Für das Gundelrebe-Eis:

400 ml Milch
1/4 aufgeschnittene Vanilleschote
100 ml Sahne
1 Bund Gundelrebe (ersatzweise Basilikum oder Rosmarin)*
100 g Eigelb (je nach Größe 3 bis 5 Eier)
125 g Zucker, 1 Blatt Gelatine

Für die Vanillecreme:

250 ml Milch
1/2 längs aufgeschnittene Vanilleschote
60 g Zucker
2 TL Maisstärke
1 Messerspitze geriebene Zitronenschale
3 Eigelb

Für die Fertigstellung:

2 Blatt Gelatine
200 ml farbloser Tortenguss

ZUBEREITUNG

Apfelbelag: Äpfel schälen, entkernen, in Schnitze teilen. Aus den restlichen Zutaten einen Sud herstellen, die Äpfel darin weich kochen, anschließend gut abtropfen und auf Küchenkrepp trocknen lassen. **Mürbeteig:** Die weiche Butter mit dem Zucker schaumig schlagen, nach und nach das Eigelb einrühren, mit den restlichen Zutaten zu einem Teig verkneten, in einer Folie eine Stunde im Kühlschrank ruhen lassen. Den Teig auf einem mit Backpapier ausgelegten, mit Mehl bestäubten Blech 5 mm dick ausrollen, mit Backpapier und einem weiteren Blech abdecken, im Umluftofen 20 Minuten bei 180 °C backen.
Rote-Bete-Schaum: Die Rote Bete im Wasser gar kochen, abseihen, die Flüssigkeit auffangen und mit der Sahne und dem Zucker verrühren. Die zuvor eingeweichte Gelatine dazugeben, abkühlen lassen, in einem Sahnesiphon aufschäumen oder als Sauce belassen.
Gundelrebe-Eis: Milch mit Vanilleschote und Sahne aufkochen. Gundelrebe darin fünf Minuten ziehen lassen, Flüssigkeit abseihen, mit Eigelb und Zucker im Wasserbad aufschlagen. Die eingeweichte Gelatine untermischen, abkühlen lassen, in einer Eismaschine fest werden lassen.
Vanillecreme: Die Vanilleschote in der Milch aufkochen, 15 Minuten ziehen lassen. Milch absieben, mit restlichen Zutaten verrühren. Unter Rühren erneut aufkochen, absieben.

Fertigstellung

Warme Vanillecreme mit eingeweichter Gelatine mischen, fest werden lassen, auf den Mürbeteig gießen. Apfelspalten darauflegen, mit Tortenguss bestreichen. Abkühlen lassen. Portionieren, im Heißluftofen 2 Minuten bei 100 °C erhitzen. Mit Eis und Rote-Bete-Schaum anrichten; auf Wunsch mit Zuckerfäden dekorieren.

* **Die Gundelrebe** ist eine kriechende Wildpflanze mit langen Trieben, auch Gundermann genannt. Früher wurde sie als Bierwürze verwendet. Sie wächst von April bis Oktober an Ufern und in Hecken, im Wald und auf Wiesen. Verwendet werden die herzförmigen, gezahnten Blätter, die einen herb-aromatischen Geschmack haben.

Drei Originale, ein Genuss
Südtiroler g.g.A. und DOC Produkte
www.suedtiroler-originale.info
Drei Originale: der knackig-frische Südtiroler Apfel g.g.A., die fruchtig-eleganten Südtiroler DOC Weine, der würzig-milde Südtiroler Speck g.g.A. Hergestellt nach alter Tradition und strengen Richtlinien. Ausgezeichnet mit den begehrten EU-Gütesiegeln „g.g.A." und „DOC": für garantierte Herkunft und geprüfte Qualität.
MINISTERO DELLE POLITICHE AGRICOLE
ALIMENTARI E FORESTALI
SÜDTIROL
SÜDTIROL
SÜDTIROL
Denominazione di
Origine Controllata
Finanziert mit Fördermitteln der Europäischen Union und Italien.

Fünf zum Vorzeigen

Eine Neutönerin, die für Zither und Powerpoint komponiert, ein Käse-Verrückter, eine Modedesignerin – Südtirol ist reich an ungewöhnlichen Menschen, die ihren Eigensinn in Gemeinwohl verwandeln. Wir stellen fünf von ihnen vor

FOTOS VON **PETER RIGAUD** UND **CLEMENS ZAHN**

„Ich muss mich noch austoben“

AUF DEM BODEN liegt zwischen zerlesenen Micky-Maus-Heften eine Partitur des Komponisten György Ligeti, den Nachttisch belegt ein Buch mit dem einschüchternden Titel „Essential Neuroscience“, darauf ein angebissener Apfel. Irgendwo lehnt ein Violinenkoffer, die Regale sind mit Kerzen und Stofftieren dekoriert, Kopfkissen und Decke des schmalen Betts mit „Alf, der Außerirdische“-Bettwäsche bezogen. Der Raum ist ein erstaunlicher Anblick – als teilten sich ein Schulmädchen und ein Musikprofessor ein Zimmer. Und das kommt der Wahrheit ziemlich nahe.

Manuela Kerer kniet vor dem kleinen CD-Spieler und lauscht den seltsamen Klängen, die da aus den Boxen kommen. Es ist ihre eigene Musik, eine „Akustische Inszenierung“, aufgeführt 2006 im Tiroler Landesmuseum Ferdinandeum Innsbruck. Das Ensemble und der Chor waren auf allen Stockwerken verteilt, Posaunisten wanderten durch die Räume, in der oberen Etage jodelte eine Sängerin, Computersamples wurden eingespielt. Muschelhörner und ein elektronisches Cello sind zu hören, die Musiker reden, schnarchen, schlagen Stimmgabeln an Ausstellungsstücke. Das Museumsgebäude selbst ist es, das hier vertont wurde. Manuela Kerer lächelt bei den wilderen Passagen und sagt: „Ich bin ja noch jung, ich muss mich noch austoben.“

Die Werke der 30-jährigen Komponistin wurden schon in Bozen und Wien, in München, Berlin und Peru aufgeführt. Sie hat Konzerte und moderne Opern geschrieben, Stücke für „Ensemble und Powerpoint-Präsentation“ oder für 69 Bläser und 11 Perkussionisten, zuletzt ein Solo-Werk für eine Zither.

Jetzt sitzt sie auf der Terrasse ihres Elternhauses in Brixen, es ist ein heißer Tag, und während sie redet, schnippt sie Ameisen von den Seiten ihrer Partitur. Eigentlich lebt sie ja schon lange in einer WG in Innsbruck. Aber etwa alle zwei Wochen kommt sie zurück nach Hause und wohnt dann in ihrem alten Kinderzimmer. „Ich bin eine Heimwehlerin“, sagt sie. Ständig klingelt das Handy, dann plaudert sie mit Schwestern, Cousinen, Tanten.

Die neue Zither-Komposition macht ihr gerade Sorgen, im Kopf ist schon alles fertig, aber es gelingt ihr nicht, die Strukturen zu Papier zu bringen. Gibt es denn einen Abgabetermin? „Ja“, sagt Manuela Kerer und seufzt, „vor drei Wochen.“

Eigentlich sei sie nämlich „saufaul“, sagt sie, würde ihre Zeit am liebsten nur mit Comics und Schlafen verbringen. Das klingt erstaunlich, denn sie hat Studien in Violine, Psychologie und Jura abgeschlossen und ist noch immer in zwölf Fächern an der Universität eingeschrieben. Die Disziplinen lässt sie ineinandergreifen: In ihrer Jura-Dissertation untersucht sie das Urheberrecht für Komponisten im Österreich des 19. Jahrhunderts, in ihrer Doktorarbeit für Psychologie das musikalische Gedächtnis von Demenzkranken. Sie hat Texte aus dem italienischen Strafgesetzbuch vertont und gab, als sie sich mit Gehirnforschung beschäftigte, einem Flötenkonzert den Titel: „Es war einmal ein vasoaktiv intestinales Peptid, das den Almabtrieb neuromodulierte“.

„Ich lache gern, und ich finde es nicht schlimm, wenn die Leute auch über meine Kompositionen lachen können“, sagt Manuela Kerer. Humor und Sinnlichkeit kämen in der Neuen, der experimentellen Musik oft zu kurz. Deshalb lässt sie ihre Musiker auch auf selbst gebastelten Papierinstrumenten oder Kinderklavieren spielen, lässt die Schlagzeuger lautstark von knusprigem Südtiroler Schüttelbrot abbeißen oder mit Wasser plätschern. „Die beschweren sich dann, dass meine Stücke den Harndrang verstärken.“ ■

JOHANNES STREMPEL

Manuela Kerers Südtirol-Tipp: „Die Sonntagsmesse um 9.30 Uhr im Kapuzinerkloster Brixen. Es spielen einige der besten Südtiroler Musiker, Volksmusikgruppen und Kinderchöre.“ **75** *Kapuzinerkloster Brixen, Runggadgasse 23, Tel. 0472-83 30 25, www.kapuziner-suedtirol.org/page_kloester*

Manuela Kerer. *„Son moussant“, Audio-CD, 18 € (www.tiroler-landesmuseum.at).* Termine 2010: 26.6. „Luna Chiarina“; Innsbruck, 28.7. „Neues Werk“, Toblach; 20.8. „Sonus Altae Prihsnae“, Brixen

Multitalent mit Spieltrieb: Manuela Kerer lässt ihre Werke sogar auf Kinderklavieren spielen

Die Komponistin

Manuela Kerer

„Wer sich nicht abhebt, geht unter"

BEIM SPECK ZEIGT SICH, wer ein Neuling ist. Nicht wenige Touristen blicken ratlos, wenn Christian Pinggera ihnen das Holzbrett mit der Mahlzeit auf den Tisch stellt. Ungeschickt teilen sie das massive Stück Speck in klobige Portionen oder schneiden gar den breiten weißen Rand ab, die Fettschicht, die doch das Beste an der Sache ist. Pinggera stöhnt dann leise auf und setzt sich zu den Gästen, um sie anzuleiten. Auch bei den Einheimischen am Nebentisch lässt sich studieren, wie es richtig geht: Der Mann zur Linken säbelt geduldig Speck in feinste Streifen, sein Tischnachbar bearbeitet mit dem Messer genauso konzentriert den Rettich, den Pinggera gerade erst aus der schwarzen Erde des Gemüsegartens gezogen hat. Die Frau neben ihm gießt Rotwein aus Pinggeras eigener Produktion in die Gläser.

„Was hat man mir nicht für kluge Ratschläge gegeben, als wir eröffnet haben", sagt Pinggera und klemmt ein leeres Tablett in den Saum seiner Schürze. Dass er mehr Tische haben müsse, weil die deutschen Touristen nicht gern mit Fremden zusammensäßen. Dass sie Speck mit einer so breiten Fettschicht niemals essen würden. Und er solle ja nur Plastikmesser reichen, das Besteck würde ohnehin gestohlen. „Aber für einen richtigen Speck braucht man auch ein richtiges Messer."

13 Jahre ist es her, dass der heute 42-Jährige auf seinem Hof eine Buschenschank eingerichtet hat, einen kleinen Gastbetrieb, in dem der Bauer seinen eigenen Wein und einfache Gerichte anbietet. Strauß- oder Besenwirtschaft heißt das in deutschen Weingebieten – die Namen kommen von der Tradition, mit einem Zweig an der Straße oder einem Bündel Reisig anzuzeigen, dass der neue Wein so weit ist. In Südtirol sind Buschenschanken längst zur beliebten Touristenattraktion geworden, viele haben dabei ihren ursprünglichen Charme verloren. „Da werden die Leute in Bussen herangekarrt", sagt Pinggera, „und man verkauft ihnen Eis, Cola und Tiefkühlfleisch, serviert von tschechischen Gastarbeiterinnen in Tracht." Er hat sich vorgenommen: Es muss auch anders gehen.

Der „Schnalshuberhof" liegt im Dörfchen Oberplars, weit oben in den Bergen über Meran und Algund, zwischen Obstbäumen und Weinreben. Es ist ein uraltes Anwesen, 1318 erstmals urkundlich erwähnt, als der Besitzer zwei Wagenladungen Maische als Zins ans Schloss Tirol zu liefern hatte. Christian Pinggeras Familie lebt seit dem 18. Jahrhundert in dem Haus. Zweieinhalb Hektar Apfelbaumwiesen und ein Hektar Weinberge gehören zu dem Grund, dazu ein paar Hühner, ein Forellenteich, ein Gemüsegarten.

Nach dem Besuch der Landwirtschaftsschule übernahm er den Hof von den Eltern. „Als kleiner Bauer musst du dich abheben, sonst gehst du unter." Also stellte er den ganzen Anbau auf Bioproduktion um, als einer der Ersten in der Gegend. „Damals wurde ich ausgelacht, inzwischen haben die meisten nachgezogen", sagt er. Zur selben Zeit eröffnete er die Buschenschank. Die Wände der Gaststube sind beklebt mit vergilbten Zeitungen, die einst als Isolierschicht zwischen Mauer und Tapete angebracht wurden. Als sich die Tapeten lösten, kamen sie zum Vorschein. „Wir Franz Josef der Erste von Gottes Gnaden König von Österreich" ist eine Bekanntmachung aus dem Jahr 1871 überschrieben, daneben wird für Haarwuchsmittel und Pomade geworben.

An diesem warmen Sommerabend allerdings sitzen die Gäste lieber draußen in der Laube. Es sind vor allem Einheimische, aber auch Touristen, die vom nahen Algunder Waalweg hierhergefunden haben oder einem Tipp ihrer Zimmerwirte gefolgt sind. Werbung macht Christian Pinggera kaum. Sein Erfolgsrezept sei ganz einfach: „Wir überlegen uns nicht, was am besten ankommt. Wir machen das hier so, wie es uns gefällt."

Während Mutter Rosa in der Küche steht, bewirtet er die Gäste zusammen mit seinem Vater Hans – zwei Originale, manchmal granteInd, meistens herzlich. Das Essen empfahl schon die Zeitschrift „Feinschmecker": der wunderbare Speck von Tieren, die der nahe Biobauer liefert, der Käse, das selbstgebackene Brot, die Gurken und Feigen aus dem Garten. Dazu gibt es auf dem Hof gebrannten Schnaps und natürlich Wein: roten Vernatsch und den seltenen weißen Fraueler. Als die Sonne die Berggipfel in goldenes Abendlicht taucht, ist kaum noch ein Platz in der Laube frei. ■

JOHANNES STREMPEL

Christian Pinggeras Südtirol-Tipp:
„Die zweieinhalbstündige Wanderung von **76** Kortsch ins Schlandrauntal im Vinschgau führt durch Wiesen mit herrlich duftenden Brunellen und an einem Wildbach entlang hinauf zu zwei Almen. Touristen trifft man hier kaum."

77 Schnalshuberhof. *Algund, Oberplars 2, Tel. 0473-44 73 24, Do–So ab 17 Uhr, Reservierung empfohlen, in der letzten Juli- und ersten Augustwoche geschl.* Ein „Brettl" mit Speck kostet 15 Euro, es gibt auch warmes Essen, z. B. Käseknödel oder Hax'n.

Der Buschenwirt

Christian Pinggera

Mit Speck fängt er Gäste: Christian Pinggera serviert zum eigenen Wein köstliche Kalorien. Im Gastgarten haben auch Hähne freien Zutritt

Waschen, melken, pflanzen: Nach harten Arbeitsjahren hat Elisabeth Taschler es im Alter endlich gut. Der Mangold gedeiht und ihre Enkelin Laura lebt im selben Haus

Die Bäuerin Elisabeth Taschler

„Es hat grad zum Leben gereicht"

RUHIG UND ABGESCHIEDEN liegt das Gsiesertal da. Saubere Wiesen, dichte Tannen- und Fichtenwälder, dazwischen, auf den Hängen verstreut, die mächtigen Holzgiebel der typischen Paarhöfe. Die Wohn- und Wirtschaftsgebäude sind in Schuss, sie zeigen bäuerlichen Wohlstand. Lange war das anders, beherrschte Armut den entlegenen Winkel Südtirols. „Nur mit dem Bauernhof, das hat grad zum Leben gereicht", sagt Elisabeth Taschler. Sie trägt die grauen Haare zum traditionellen Zopfkranz gebunden, eine Schürze vor dem blaugemusterten Kleid. Energisch wischt sie die letzten Krümel von den Frühstückstischen in der alten Stube. „Jetzt mit den Feriengästen", sagt sie, „geht's uns gut."

Der Tourismus blüht im Gsiesertal zwar nur wie ein zartes Alpenröschen, aber er hat das Dasein erträglicher gemacht. Nicht einmal ihre Kinder können sich heute noch vorstellen, wie hart das Leben früher war. Elisabeth Taschler, 1931 geboren, hat die Zeit ohne Strom und fließend Wasser noch erlebt. Die Zeit, in der Knechte und Mägde nur für einen Teller Suppe und ein Dach über dem Kopf schufteten und es keine soziale Absicherung gab. Sie erinnert sich noch genau an die krebskranke Mutter, die ihre kleinen Kinder im Leiterwagen von Hof zu Hof schleppte und jeden bat, doch wenigstens eines von ihnen aufzunehmen.

Putzen, kochen, waschen, nähen, Kühe melken, Wolle spinnen – als Älteste von sieben Geschwistern hat Elisabeth Taschler stets mithelfen müssen und tut es mit 79 Jahren immer noch. Die Armut ihrer Kindheit hat sie tief geprägt. Die Schule konnte sie besuchen, aber einen Beruf erlernen wie ihre Enkelin, die Ärztin wird? Das war damals unmöglich. Stattdessen heiratete sie den Martin vom Nachbarhof. „Wir sind ein paarmal ausgegangen, dann wussten wir: Das passt schon!" Haben sie sich denn auch geliebt? „Schon", sagt sie, „wir tun's auch heut noch."

Sieben Kinder hat sie ihm geschenkt. Doch das erste, ein Sohn, kam erst drei Jahre nach der Hochzeit zur Welt. Da war Martin in seiner Verzweiflung schon zur heiligen Bernadette nach Lourdes gepilgert. „Ohne Kinder, was wär aus uns und dem großen Hof geworden? Eine Rente gab's ja nicht. Aber Gott hat unser Flehen erhört und uns mit so vielen Kindern gesegnet, dass ich zum Martin gesagt hab: ‚Jetzt fährscht mal wieder hin und beteschd, dass esch endlich aufhört!'"

Lachend schlägt sie die Hände zusammen. Ihrem Mann wäre so viel Offenheit wohl peinlich. „Er ist ganz anders als ich", sagt sie. „Ein stiller Mann, der immer zuerst an den Hof gedacht hat." Als es ganz langsam anfing mit den Feriengästen in den siebziger Jahren, da hat sie zu ihm gesagt: „Des Geld kriegscht net! Des isch meins!"

Die Kinder brauchten etwas Ordentliches zum Anziehen, und ein bisschen leben wollte sie halt auch. Ein neues Kleid, ein Ausflug nach Bozen oder Meran, vielleicht mal in Bruneck ins Theater – schon war das Leben etwas leichter.

„Ich bin froh, dass ich nie die Chance hatte, mich scheiden zu lassen", sagt sie. Aber Streit gab's oft. Am schlimmsten war es, als der Fernseher ins Haus kam. Sogar während des Abendessens lief der „Kaschten". „Wenn's di so ärgert, warum tuscht du ihn nicht weg?", hat ihr Mann eines Tages gemeckert. Das ließ sie sich nicht zweimal sagen. Seitdem ist Ruh! „Für mich ist der Fernseher der Teufel", sagt sie. „Alles macht er kaputt. Die Familien, die Ehen. Er stiehlt uns die Zeit fürs Miteinander. Und gebetet wird sowieso nicht mehr." Sie selbst geht mehrmals am Tag in die kleine Kapelle Mariä Heimsuchung. „Bei sieben Kindern und 16 Enkeln hast du immer viel zu bitten und zu danken", sagt sie.

Längst hat Sohn Alois den Hof mit den 60 Stück Vieh übernommen und unterm Dach schöne Ferienwohnungen eingerichtet. Seine Frau Ruth, die Kinder Maximilian und Laura leben mit Oma und Opa unter einem Dach, aber in getrennten Wohnungen. „Wir haben's nett miteinander", sagt Elisabeth Taschler. Zufriedenheit und Dankbarkeit strahlt sie aus, wohl grad, weil sie weiß, wie hart es früher war im Gsiesertal. „Manchmal war ich verzweifelt. Aber letztlich hat es der liebe Gott immer besser gewusst als ich." ■

PETRA MEYER-SCHEFE

Elisabeth Taschlers Südtirol-Tipp: „Ein besonderes Ereignis sind die Herz-Jesu-Feuer. Während der Freiheitskämpfe 1796 schworen die Tiroler im Falle eines Sieges gegen Napoleon dem Herzen Jesu ewige Treue. Sie siegten, und seitdem brennen am zweiten Sonntag nach Fronleichnam überall auf den Berggipfeln Feuer. Bei uns im Tal ist das besonders schön. Junge Burschen klettern die Berge hinauf und ordnen die Feuer zu Bildern an. Herzen, Kreuze, ein Adler, ein springender Hirsch oder die Zeichen Christi leuchten in der Nacht. Wunderschön ist das!"

78 Ferien auf dem „Aussermahrhof". *Gsies, St. Martin, Mahr 9, Tel. 0474-978493, www.taschler.it; DZ ab 47 €.* Vermietet werden 3 Ferienwohnungen und 3 Familienzimmer mit Gemeinschaftsküche.

Der Käseaffineur

Hansi Baumgartner

Bade-Meister: Hansi Baumgartner tränkt seinen Käse in Wein, Likör und Bier und lässt ihn im alten Militärbunker (re.) schaufensterreif werden

„Ein Bissen überflügelt den anderen"

DARAUF MUSS MAN ERST EINMAL KOMMEN: Man nehme einen Husumer Deichkäse, umwickle ihn mit asiatischen Meeresalgen, lasse ihn ein paar Monate reifen und verkaufe ihn dann unter dem fernöstlich klingenden Namen „Miwa". Hansi Baumgartner lacht. „A bissel verruckt klingt des scho", gibt er zu.

Ein Affineur ist er, ein Spezialist für die Veredlung von Käse – der erste und bislang einzige in Südtirol. Lange kamen aus dem Alto Adige nur Wein und Äpfel. Käse? Der interessierte niemanden. „Dabei ist er ein ebenso komplexes Produkt wie der Wein", sagt Baumgartner. „Es kommt auf die Region, die Tiere, die Rassen, die Weiden, das Klima und vieles, vieles mehr an."

Südtirol, mit seinen Almen und Bergwiesen, scheint prädestiniert für besondere Käsesorten. Doch verschwand mit den Sennern auf den Almen auch die Käsevielfalt. Genossenschaftsmolkereien übernahmen die Produktion, brachten aber nur seelenlose Käsesorten aus pasteurisierter Milch auf den Markt. Rohmilch- oder gar Ziegenkäse war vor gut 20 Jahren so gut wie gar nicht mehr zu finden.

Damals stand Hansi Baumgartner noch am Herd. Nach einer Kochausbildung hatte der gebürtige Brixner erst mit seinen Brüdern das Restaurant „Pichler" in Mühlbach eröffnet, später das „Schöneck" in Pfalzen. Die Restaurants liefen gut, beide wurden mit einem Stern gekrönt. Es hätte so bleiben können, wenn da nicht dieser unstillbare Reiz gewesen wäre, einmal irgendetwas Neues zu wagen.

Also Käse, denn das war damals wirklich neu. Vor 15 Jahren gründete Baumgartner seine eigene kleine Vertriebsfirma. Ein Versuch, der sich schnell zur Berufung entwickelte. Vor acht Jahren gab er sein Restaurant auf. Alle hielten ihn für verrückt, doch heute beliefert seine Firma Degust Restaurants und Feinkostgeschäfte in aller Welt, sein Käse wird in Dubai und Japan verkauft.

Der Name wirkt international: degustieren, degustare, deguster – kosten und verkosten. Genau darum geht es in seinem Laden, der versteckt im Gewerbegebiet von Vahrn bei Brixen nur von wirklichen Käse-Begeisterten gefunden wird. Für die richtet Baumgartner gern eine Marende an, einen Käseteller mit winzig kleinen Köstlichkeiten. Jede für sich ist eine geschmackliche Sensation: der „Noagnlailich", ein Südtiroler Ziegenkäse, der in einem mit Heu gefüllten Eichenfass reift und zart nach frischer Wiese und Haselnusssträuchern schmeckt, der „Alplagrein" mit seiner Rinde aus Tresterbeeren und einem Aroma von dunkler Schokolade, der süß-bittere „Nussiler", der mit Nusslikör eingebürstet wurde, während der Blauschimmelkäse „Golden Mini" in einem Bad aus süßem Wein seine geschmackliche Vollendung fand. Mehr als 200 Käsesorten bietet Baumgartner in seinem Laden an, von meist kleinen Bio-Produzenten aus Südtirol, dem restlichen Italien, aus Österreich und Deutschland. So mancher Rohmilchkäse macht in seinem Reifekeller, einem ehemaligen Militärbunker aus dem zweiten Weltkrieg, eine wundersame Wandlung durch, wird mit Kräutern, Früchten, Asche oder Schüttelbrot-Krumen veredelt oder mit Südtiroler Bier getränkt. Hansi Baumgartner experimentiert ständig und betont trotzdem: „Ich bin Traditionalist. Die alten Rezepte sind die genialsten. Und das Allerwichtigste sind gute Grundprodukte." Das habe er schon von seiner Mutter gelernt, die eine begnadete Köchin gewesen sei.

Bis ein Käse perfekt gereift auf dem Teller liegt, braucht er viel behutsame Pflege. Mancher Laib will täglich gewendet, gebürstet und umsorgt werden. In seinen Seminaren ruft Hansi Baumgartner immer wieder zu einem bewussten Umgang mit diesem kostbaren Produkt auf. Weniger bedeutet oft mehr: ein Mehr an Geschmack und Aroma.

„Wie bei einer Weinprobe kommt es auch bei einem Käseteller auf das richtige Arrangement an", sagt er. „Jeder Bissen soll den anderen überflügeln, aber nicht übertünchen." Wenn dann noch der richtige Wein ausgesucht wird – dann ist das für den Südtiroler Käsekönner der Gipfel der Genüsse. ■

PETRA MEYER-SCHEFE

Hansi Baumgartners Südtirol-Tipp: „Mich zieht es oft ins Lüsner Tal zum ‚Niedersthof' von Olga und Franz Unterfrauner. Die haben eigenes Gemüse, Obst und Wein – und eine köstliche, bodenständige Südtiroler Küche. Im Frühling gibt es frischen Spargel mit Bozner Sauce, im Herbst locken Wildspezialitäten, Rippelen und Krapfen unter dem Weinrebendach. Von Rodeneck führt ein bequemer Wanderweg dorthin. Gruppen müssen immer vorbestellen, am Wochenende ist das für jeden ratsam." **79** *Lüsen, Kreuzstr. 10, Tel. 0472-41 36 70; Mo, Di geschl.*

80 Degust. *Vahrn, Eisackstr. 1, Tel. 0472-84 98 73, www.degust.com; Mo–Fr 8.30 –12.30, 14–18, Sa 9–12 Uhr; Degustationen nur nach Voranmeldung*

Die hat Schneid! Barbara von Pföstl machte sich früh selbstständig und schneidert ihre Einzelstücke von eigener Hand

Die Designerin

Barbara von Pföstl

Barbara von Pföstls Südtirol-Tipp:
„Ich liebe das Wandern. Meine schönste Tour führt auf den **81** Hahnenkamm am Eingang des Passeiertals. Auf dem Gipfel im Zelt zu übernachten und am Morgen dem Sonnenaufgang zuzusehen, ist die beste Art, Energie zu tanken."

„Ich mag das kleine Extra"

DEN VORMITTAG hat sie damit zugebracht, rote Kreise aus schillernder Organzaseide auszuschneiden. Der ganze Tisch ist übersät damit, als hätte er die Masern. Rote Punkte in allen Größen verdecken Maßbänder und Schnittmuster, Stoffbahnen und Fadenspulen. Ein Kleid muss fertigwerden. In ein paar Tagen will ein Getränkefabrikant einen neuen Himbeerlikör präsentieren, und Barbara von Pföstl wird die roten Kreise als Hommage an die Himbeerfrucht kreuz und quer auf eine edle Abendrobe nähen. „Das gefällt mir: elegant, schlicht, aber mit einem kleinen Extra."

Ihr Modeatelier liegt an einer befahrenen Kreuzung im Meraner Stadtteil Untermais, im ersten Stock eines unpersönlich modernen Gebäudes. Das sei ihr ganz recht so, sagt sie, zu viel Laufkundschaft würde sie von der Arbeit abhalten. Von der Idee über den Entwurf zum Schnitt, vom Nähen über die Anprobe zum Verkauf – die 27-jährige Designerin macht alles selbst. Vorn im Schauraum hängt ihre Kollektion auf einer Kleiderstange: Cocktailkleider, Trenchcoats, bunte Röcke, Roben. Hinten arbeitet sie, um den Zuschneidetisch gruppieren sich Näh- und Bügelmaschinen, Spiegel, ein Knopflochautomat und Schneiderpuppen. Sie näht viele Einzelstücke von eigener Hand – ganz nach Kundenwunsch. „Das Handwerk macht mir Spaß."

Schon als Kind hat sie den Barbiepuppen Kleider verpasst. Mit 14 Jahren ging sie in die Schneiderlehre auf der Berufsfachschule in Meran. Es folgten das Gesellenjahr in einer Innsbrucker Maßschneiderei und die Modeschule München, die Arbeit bei einem Modemacher in Meran und einer Designerin in Neuseeland, die sich auf Brautkleider spezialisiert hatte. Ziel war die eigene Kollektion – 2008 war es so weit.

„Ich bin gern meine eigene Chefin", sagt sie. „Und habe mir vorher ganz genau überlegt, wie viel Kostüme ich schaffen muss im Monat, um zu überleben." Die ersten Kunden waren Bekannte, die empfahlen sie an Freunde, auf Modeschauen machte sie auf sich aufmerksam. Feminin sind ihre Entwürfe, figurbetont, elegant und niemals überladen. „Klassisch", sagt sie selbst, „aber immer mit einem besonderen Detail." Das kann eine spezielle Raffung sein, eine bestimmte Naht. Oder eben viele rote Kreise, wie Himbeeren an einem Strauch. ■

JOHANNES STREMPEL

82 **Modeatelier Barbara von Pföstl.** *Meran, Piavestr. 73, Tel. 0473-490442, www.atelier-vonpfoestl.it; Mo–Fr 9–12, 15–18.30 Uhr*

Hotel Hubertus

WANDER- UND AKTIVCHALET

'amilie Rabensteiner
-39040 VILLANDERS
'el. 0039 0472 843 137
'ax 0039 0472 843 333

Komfort und Behaglichkeit in schönster Aussichtslage oberhalb von Klausen im Eisacktal. Beste Sonnenlage auf 880 m Meereshöhe, freundliche Atmosphäre, komfortable Zimmer und Suiten, gute Küche mit regionalen und italienischen Spezialitäten. Hallen- und Freibad, Saunen, Solarium, Fitness, Bikes und Garage. Ausgangspunkt für schönste Wanderziele auf der sonnenverwöhnten Villanderer Alm und in den nahe gelegenen Dolomiten.

www.hubertus.it • info@hubertus.it

HOTEL ***S Krone

Familie Chizzali
I-39019 DORF TIROL
Tel. 0039 0473 236 799
Fax 0039 0473 211 626

In herrlicher Panoramalage und eingebettet im Grünen erwartet Sie ein Haus mit großzügiger beheizter Schwimmbadanlage, Saunalandschaft, Sandtennisplatz mit Flutlicht, Fitnessraum, Mountainbikes und 3 Golfplätzen in unmittelbarer Nähe. Wöchentlich geführte Hauswanderung in die herrliche Bergwelt, exzellente Feinschmeckerküche mit erlesenen Weinen, sowie intime Wohnatmosphäre in Komfortzimmern und Suiten. Das gediegene Ambiente ergänzt Ihr Wohlbefinden in unserem komplett neu umgebauten ***Superior Hotel.

www.hotelkrone.com • info@hotelkrone.com

Lechner

HOTEL CAFÉ ***

'amilie Lechner
-39019 DORF TIROL
'el. 0039 0473 923 381
'ax 0039 0473 923 783

'erien für Wanderer und Genießer! Traumhafte Panoramalage am Fusse des Naturparks 'exelgruppe und über den Dächern von Meran - unsere Aussicht wird Sie begeistern, aber nicht nur dies... Zimmer und Appartements zum Wohlfühlen, Hallenbad mit Liegewiese, auna, Tagescafé mit hausgemachten Kuchen und Eis. Lassen Sie sich von herzlichen Gastgebern persönlich verwöhnen! Idealer Ausgangspunkt für Wanderungen, die Seilbahn Hochmuth und eine Gästebushaltestelle befinden sich in unmittelbarer Nähe.

www.hotel-lechner.com • info@hotel-lechner.com

WALDSEE

***

Familie Kritzinger
I-39050 VÖLS am SCHLERN
Tel. 0039 0471 725 041
Fax 0039 0471 725 745

Ein Sommerdomizil besonderer Art, an einem der idyllischsten und romantischsten Bergseen Südtirols, dem "Völser Weiher". Umgeben von einem Naturpark nahe dem Schlernmassiv und der Seiser Alm liegt unser Hotel Waldsee mit hauseigenem Badesteg, sowie Hallenbad, finnischer Sauna, türkischem Dampfbad, Kräutervitalbad, Infrarotkabine, Körper- und Gesichtssolarium und Fitnessraum. Ideal für Familien und Individualisten z.B. Motorradfreunde und Wanderfreaks. Ihr Gastgeber Hanspeter Kritzinger, ein bekannter Küchenchef und Sommelier, bewirtet Sie mit schmackhaften Menüs.

www.hotel-waldsee.com • info@hotel-waldsee.com

GENIESSER- & WANDERHOTEL Jägerhof

'amilie Augscheller
-39015 ST. LEONHARD i.P.
'el. 0039 0473 656 250
'ax 0039 0473 656 822

Genussurlaub für Naturverliebte! Wohlfühlen, entspannen und die Faszination der Berge hautnah miterleben im Naturparadies Passeiertal. Auf 1.300 m Meereshöhe gelegen, bietet sich der Jägerhof für unzählige, direkt vom Haus ausgehende Wanderungen n. Als kompetenter Partner für Ihr Urlaubserlebnis in den Bergen begleiten wir Sie wöchentlich auf erlebnisreiche Wanderungen und Bergtouren oder beraten Sie gern ür Ihre individuellen Ausflüge. Entspannung und Revitalisierung nach einem aktiven Urlaubstag finden Sie in unserer liebevoll gestalteten Verwöhnoase. Einen Höhepunkt hres Urlaubs bildet die mehrfach ausgezeichnete Küche des Jägerhofs. Vom Fit & Vital - Frühstücksbuffet bis zum 5 Gänge Abendmenü bereiten wir alles aus frischen egionalen Produkten höchster Qualität zu und verzichten dabei gänzlich auf künstliche Zusatzstoffe. Wir freuen uns auf Sie! *Ihre Familie Augscheller*

www.jagerhof.net • info@jagerhof.net

PANORAMAHOTEL CAFE KRONSBÜHEL

***S

Familie Schöpf
I-39019 DORF TIROL
Tel. 0039 0473 443 318
Fax 0039 0473 222 080

In wunderschöner Panoramalage über Meran und dem weiten Etschtal befindet sich das kleine, feine Panoramahotel Kronsbühel. Wir haben unser Hotel im Jahr 2009 komplett renoviert. Es erwarten Sie helle, geräumige, liebevoll ausgestattete Komfortzimmer mit herrlicher Aussicht. Familie Schöpf sorgt aufmerksam für Ihr leibliches Wohl.

www.kronsbuehel.com • info@kronsbuehel.com

Hotel THALHOF am See

****

Familie Dissertori
I-39052 KALTERN AM SEE
Tel. 0039 0471 960 163
Fax 0039 0471 960 001

Das begehrte Urlaubsziel im bunten Frühling auf der Südseite der Alpen - Kaltern am See. Hotel Thalhof, 3 Minuten vom See mit modernem, behaglichem Komfort, ein Sonnenplatz für Wanderer und Biker. Unsere Wohlfühloase: neues Hallenbad, Relaxium mit Whirlpool, Sauna, Erlebnisduschen, Dampfbad, Freibad mit Liegewiese. Eine exzellente Küche, Frühstücksbuffet, abends Menüwahl mit bunter Salatbar, Candlelightdinner, Aperitif. Ausflüge in die Opernstadt Verona und zu den blühenden Gärten von Trauttmansdorff in Meran. In der Nähe Golf und Tennisanlagen. Pauschalangebote im Frühjahr.

www.thalhof.it • info@thalhof.it

Zum Reinsetzen lecker: Im Hofgarten des Tschermser Restaurants „Miil“ wird die frische, naturverbundene Küche des neuen Küchenchefs Othmar Raich auf Kies an Efeu serviert

Heim zum

Ein Land zwischen zwei genusssüchtigen Nationen, Italien und

Herd

VON **KLAUS SIMON** (TEXT)

Österreich: Diese kulinarische Bestlage sollten Sie voll auskosten. Lassen Sie sich Südtirol so richtig schmecken!

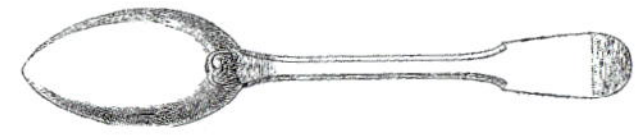

TSCHERMS
MIIL

Im Herbst übernahm Othmar Raich den guten alten „Kuckuck“ in der Wassermühle des Ansitzes Kränzel. Was aus der Küche kommt, ist ambitioniert und frisch. Der 39-jährige Koch arbeitete früher bei Heinz Winkler in Aschau, im Hamburger „Hotel Vier Jahreszeiten“ und auf dem Weingut von Alois Lageder in Margreid. Die Vinothek „Ansitz Pillhof“ im nahen Eppan stieg unter ihm auf wie ein Komet. Raich gelingt die Balance zwischen traditioneller Alpen- und leichter Mittelmeerküche. „Einfach, geschmackvoll und naturverbunden“ soll seine Küche sein. Das Kaninchen im Tempura-Mantel, die hausgemachten Spaghetti alla chitarra mit Oktopuspesto und mariniertem Wolfsbarsch oder die Kürbisravioli mit Rosmarinbutter, Champignons und reifem Bergkäse sind überzeugende Beispiele. 83 *Tscherms, Gampenstr. 1, Tel. 0473-56 37 33, www.labyrinth.bz; Hauptgericht ab 12 €; So abend, Mo geschl.*

PEDRATSCHES
RUNCH-HOF

Der Herrgott wacht neben der Tür über das bilderbuchschöne Gehöft. Von der Veranda schaut man auf den Kuhstall und die satten Wiesen, auf dem Mist kräht der Hahn. Enrico Nagler übernahm das 1712 errichtete Bauernhaus über dem Gadertal von drei Onkeln; als Zubrot zur Vieh- und Milchwirtschaft eröffnete er ein Gasthaus. Vor den Spezialitäten auf der Speisekarte stehen die meisten Gäste allerdings wie der Ochs vorm Berg: Auf dem Runch-Hof (s. Fotos re.) wird Ladinisch gesprochen und gekocht. Die Nagler-Töchter übersetzen gern: *Panicia*, eine deftige Gerstensuppe, macht den Anfang des üppigen Menüs, es folgen *Tutres*, mit Sauerkraut, Spinat oder Mohn gefüllte Salzteigtaschen. Danach wählt man zwischen Schweinshaxe mit Polenta oder Knödel mit Gulasch. Reservierung dringend empfohlen! 84 *Pedratsches, Runk 11, Tel. 0471-83 97 96; Hauptgericht ab 12 €; So geschl., im Winter mittags*

ALTREI
KÜRBISHOF

Sara Tragni und ihr Lebensgefährte Hartmann Varesco eröffneten ihr Restaurant in der deutschsprachigen Enklave Altrei erst 2006. Doch mit ihrem Kaninchen alla Ligure mit Polenta, mit dem Stockfisch und dem göttlichen Schmorbraten vom Lamm hat sich die Köchin aus Ligurien bereits das Lob der kulinarischen Führer Gambero Rosso, Guide de L'Espresso und Osterie d'Italia verdient. Ihre Zutaten stammen aus maximal 30 Kilometer Entfernung, das verrät die Speisekarte. Die scheue Köchin bekommt man kaum zu Gesicht, sie fühlt sich am Herd am wohlsten und überlässt ihrem Lebensgefährten die Betreuung der Gäste. Sein unaufdringlicher Service passt zum lichten Saal. Alte Wirtshausstühle, geschrubbte Bodenplanken und der grandiose Blick auf den Monte Bondone runden das Geschmackserlebnis ab. 85 86 *Altrei, Guggal 23, Tel. 0471-88 21 40, www.kuerbishof.it; Hauptgericht ab 13 €; DZ/F ab 100 €; Di geschl. sowie Nov.–6. Dez.*

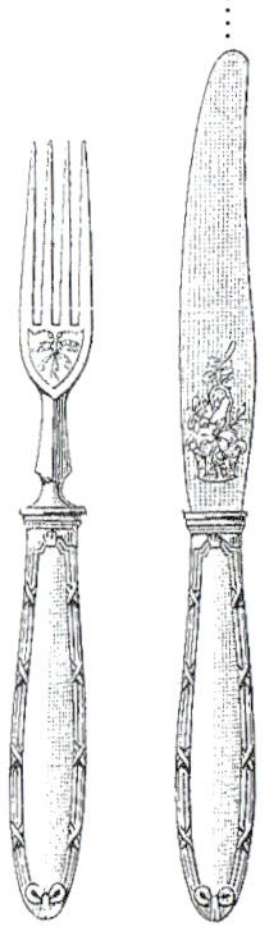

MALS
PANORAMA

An diesem Abend serviert der schnauzbärtige Küchenchef Friedrich Steiner wunderbare Holunder-Tagliarini und Kalbsleberscheiben mit einem Ragout aus Palabirnen. Diese alte, für den Vinschgau einst typische Birnensorte wächst noch vereinzelt auf Streuobstwiesen, ihr typisches Karamell-Zimt-Aroma reizt Steiner nicht nur in der Küche. Seit 2006 brennt er aus der Palabirne einen köstlichen Edelbrand – einen von 16 Obstbränden aus naturreinen Früchten, die der Koch in seiner Schnapsbrennerei unter dem Biohotel herstellt. Sein eigentliches Reich aber bleibt der Gemüse- und Kräutergarten hinter dem Haus. Borretschblüten setzen blaue Tupfer in die Beete, daneben wuchert der Fruchtsalbei, den der Küchenchef für ein Dessert im Bierteig ausbäckt. Das hauseigene Kräutersalz enthält 30 verschiedene Kräuter. Kartoffeln bauen Steiner und seine Frau Thea schon seit 20 Jahren selbst an – ihr Hotel war das erste Bio-Haus von ganz Italien. 87 88 *Mals, Staatsstr. 5, Tel. 0473-83 11 86, www.biohotel-panorama.it; Hauptgericht ab 12 €; DZ/HP ab 130 €; Di geschl. sowie Nov.–Ostern*

OBERVINTL
LA PASSION

Ein Einfamilienhaus am Rand von Obervintl beherbergt ein einzigartiges Restaurant. Nur fünf Tische haben darin Platz,im Sommer kommt eine kleine Gartenterrasse hinzu. Wolfgang Kerschbaumer bürgte 13 Jahre lang im „Ansitz zum Steinbock“ in Villanders für innovative Hochküche, bevor er vor sieben Jahren im Souterrain seines Eigenheims sein Mini-Restaurant eröffnete. Dort nutzt er Luxusprodukte wie Jakobsmuscheln und Garnelen, bereitet aber auch Südtiroler Pressknödl oder Rehrücken. Den lauwarmen Kalbskopf befreit er mit herbfruchtigen Cranberrys in Balsamico aus regionaler Geschmacksenge. Garnelen und Venusmuscheln geben seinen Bärlauch-Kartoffelnocken mediterrane Leichtigkeit. Im Frühjahr steht Zicklein auf der Karte, im Herbst Hirsch – beides ist absoluter Hochgenuss. 89 *Obervintl, St. Nikolausweg 5b, Tel. 0472-86 85 95, www.lapassion.it; Hauptgericht ab 22 €, 4-Gänge-Menü ab 50 €; Mo geschl. Reservieren!*

BOZEN
FÖHRNERHOF

Eine Dreiviertelstunde dauert der Aufstieg über den Glaninger Ochsenweg, der als Wanderweg Nr. 9 hinter der Pfarrkirche von Gries beginnt. Stammgäste aus Bozens feinem Viertel Gries kommen gern zu Fuß auf den 1135

Volks-Wirte: Familie Nagler serviert die Gerichte der ladinischen Minderheit wie Schweinshaxe und Mohntaschen

erstmals urkundlich erwähnten Hof. Ein roter Keramik-Hahn neben dem Eingang weist ihn als bäuerlichen Schankbetrieb aus – die meisten Zutaten für Speisen und Getränke stammen demnach vom „Föhrnerhof" selbst, der in erster Linie ein Weingut ist. Die junge Winzerin Karin Brachetti machte sich mit St.-Magdalener-Rotweinen und einem nach Aprikosen duftenden Müller-Thurgau einen Namen. Und in der Küche bereitet ihre Mutter Bruni deftige Speisen: je nach Saison hausgemachte Kaminwurz, Speckknödelsuppe und Leberknödel, Schlutzkrapfen oder Ochsenwangelen mit Eierspatzlen. Der Salat stammt aus dem Garten, das Wild jagt der Onkel. Im Frühjahr bereitet Bruni auf Vorbestellung Teigtaschen mit Brennnesseln und den Hammelfleischeintopf *Schöpsernes* vor. **90** *Bozen, Glaningerweg 19, Tel. 0471-28 71 81, www.roterhahn.it; Hauptgericht ab 9 €; Mo–Mi geschl. sowie 6. Juni–14. Sept. und 21. Dez.–4. Jan.*

DORF TIROL

CULINARIA IM FARMER KREUZ

Die Arbeit wird hier ehrlich geteilt: Der 28-jährige Manfred Kofler steht in der Küche, sein zwei Jahre jüngerer Bruder Stefan kümmert sich um Service und Bar. Beide sammelten zunächst im Ausland Erfahrung, bevor sie das traditionelle Ausflugslokal über dem Dorf Tirol übernahmen und in ein stilvolles Panoramarestaurant verwandelten. Vor der Mahlzeit stellt Stefan Kofler ein halbes Dutzend Salzmühlen auf den Tisch: Salz aus dem Himalaya, der bretonischen Guérande, aus Hawaii, aus dem Iran. Dazu reicht er Olivenöl oder Butter und eine Auswahl ofenwarmer Brote. Auch das Duett vom Kaisergranat und Oktopus und der Steinbutt mit Polenta schmecken kosmopolitisch. Kein Wunder: In den Ferien schauen sich die Brüder in den Töpfen von London und New York um. **91** *Dorf Tirol, Haslachstr. 105, Tel. 0473-92 35 08, www.culinaria-im-farmerkreuz.it; Hauptgericht ab 19 €, 4-Gäng-Menü ab 40 €; So Abend, Mo sowie 10 Tage im Juni geschl.*

AMATEN

GASTHOF OBERRAUT

Gänse, Hühner, Katzen und der lammfromme Hofhund Rasputin bilden das Empfangskomitee, aus dem Stall muht das Vieh. Die Küche ist bodenständig, aber raffiniert: Zart kommt die lauwarme Kalbszunge auf den Tisch, begleitet von milder Tomatenvinaigrette. Ravioli werden auf bissfesten Kürbiswürfeln mit Parmesan serviert. Herzhaft die Vorspeise „Variation vom Hausgemachten": Speck, Hirschschinken →

Hoferben: Thomas und Cornelia Haselwanter übernahmen den „Unterwirt", dessen älteste Stube aus dem 13. Jahrhundert stammt

und die Südtiroler Kaminwurz, eine kalt geräucherte, luftgetrocknete Rohwurst. Die stellt der hünenhafte Küchenchef Christoph Feichter selbst her, der Kunstschmied war, bevor er sein Talent am Herd entdeckte. 92 93 *Bruneck, Amaten 1, Telefon 0474-55 99 77; Hauptgerichte ab 16 €; 5 Zimmer, DZ/F ab 65 €; Do sowie die 2. Januar- und Junihälfte geschl.*

KLAUSEN

UNTERWIRT

Eins wollte Thomas Haselwanter als Junge partout nicht werden: Koch oder Wirt. Bereits seine Eltern führten den „Unterwirt", dessen heimelige Stuben zum Teil aus dem 13. Jahrhundert stammen. Der Sohn bekam früh mit, wie anstrengend das Leben am Herd sein kann, und wollte lieber Förster werden. Glücklicherweise entschied er sich anders. Hoch über dem Eisacktal erfindet er nun die Südtiroler Küche souverän neu. Modische Irrungen macht er nicht mit, das in Gartenkräutern gebratene Villnösser Lamm kommt unprätentiös mit Wurzelgemüse auf den Tisch. Fein: die Roggenravioli mit einer Füllung aus Graukäse auf Cremespinat. Haselwanters Frau Cornelia, gelernte Buchhalterin, sattelte zur Sommelière um und wurde jüngst als eine der besten ihres Fachs prämiert. 94 95 *Klausen, Gufidaun 45, Tel. 0472-84 40 00, www.unterwirt-gufidaun.com; Hauptgericht ab 25 €, 4-Gänge-Menü ab 54 €; DZ/F ab 88 €; mittags sowie So, Mo und 2 Wochen im Januar und Juni geschl.*

SARNTHEIN

RESTAURANT BAD SCHÖRGAU

Gregor Wenter platzt fast vor Energie. Er gehört zum Familienteam des Hotels „Bad Schörgau", hat mit Freunden die Kosmetiklinie „Trehs" auf den Markt gebracht (s. S. 8), er tritt in Italiens beliebtester Kochshow „La prova del cuoco" auf. Und vor allem kocht er leidenschaftlich, kreativ und gut. Seine Begeisterung kennt keine Grenzen, wenn er von den Produkten des Sarntals schwärmt, vom Lamm, das er auf Spargel und Thymiansauce serviert, von der Latschenkiefer, aus der er Risotto mit Krenschaum und Kaffee bereitet, vom Rindfleisch, das er bei den Bauern der Umgebung bezieht. Sein Menü ist eine vergnügliche kulinarische Reise durch die Berge – und dem Gault Millau zu Recht eine Haube und 14 Punkte wert. 96 *Sarnthein, Bad Schörgau, Tel. 0471-62 30 48, www.bad-schoergau.com; Hauptgericht ab 19 €, 6-Gänge-Menü ab 58 €; DZ/F ab 170 €; Mo und Di mittags sowie März geschl.*

KASTELBELL

KUPPELRAIN

„Achtzig Prozent unserer Besucher sind Stammgäste", sagt Sonya Egger. Und wer sich auf einen der dunklen Holzstühle setzt, versteht sofort, warum: Trotz des kulinarisch hohen Niveaus (zwei Gault-Millau-Hauben, ein Michelin-Stern) ist die Atmosphäre im eleganten Jugendstil-Restaurant herzlich-familiär, die Gerichte von Sonyas Mann Jörg

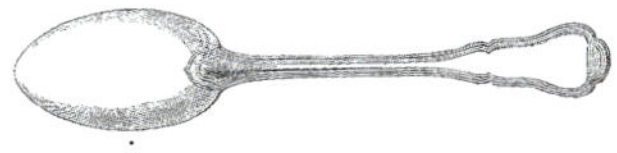

Trafoier sind unangestrengt originell. Lammfilet kombiniert er mit Tunfisch und Pfifferlingen, sein Rehfilet bekommt durch dunkle Schokolade eine feine Note. Drei hübsche Zimmer gibt es, mit Blick auf Bahnhof und Kastell. Morgens geht das Verwöhnprogramm weiter mit selbstgemachtem Aprikosensaft, Marmelade, Schinken … Und die nächste Generation ist schon am Start: Sohn Kevin steigt als Koch ein, Tochter Nathalie nach ihrer Konditorlehre ebenfalls, und die kleine Tochter Giulia kräht fröhlich: „Ich werde Chefin!" 97 98 *Kastelbell, Bahnhofsstr. 16, Tel. 0473-62 41 03, www.kuppelrain.com; Hauptgericht ab 24 €, 5-Gänge-Menü ab 80 €; DZ/F ab 120 €; So, Mo mittag und 23. Jan. bis Mitte März geschl.*

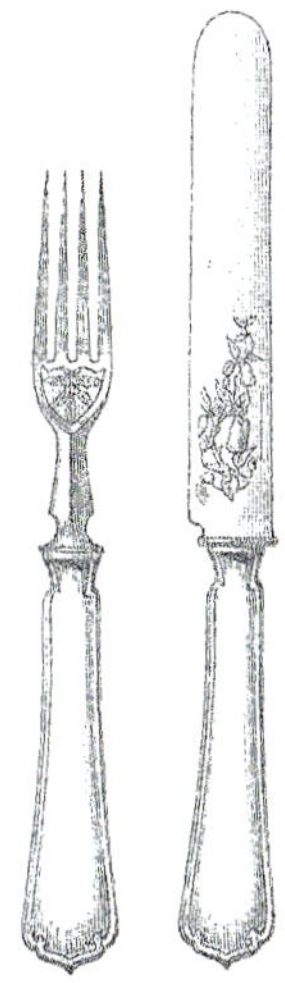

Das Essen flach halten

Pizza ist auch in Südtirol eine runde Sache. Hier sind die besten Pizzerien der Region

BOZEN

ZIO ALFONSO. Das riesige Ecklokal ist eine Institution seit 1958. Echte neapolitanische Pizza, scharf gewürzt, mit Büffelmozzarella. 99 *Drususstr. 50, Tel. 0471-28 61 60; Mi geschl. und 2. Augusthälfte*

DA PIERO. Piero, mehrfacher Pizzaweltmeister, empfiehlt „La Regina dei Mari", die Königin der Meere (mit Hummer). 100 *Grieser Platz 16, Tel. 0471-40 13 43; Mo geschl. sowie 2 Wochen im Juli/August*

DORF TIROL

BURGGRÄFLER WEINSTUBE. Der wuchtige, mit Geranienkästen bis unters Giebeldach bestückte Bau ist Restaurant und Pizzeria zugleich. Die knusprigen Pizzen können im „Angolo delle Pizze" bis 23 Uhr bestellt werden. 101 *Hauptstr. 22, Tel. 0473-92 30 33; Mi geschl. und Mitte Nov. bis Anfang März*

BRIXEN

KUTSCHERHOF. Die Osteria-Pizzeria in der ehemaligen Wagenburg der bischöflichen Residenz lockt mit Biergarten, Kreuzgewölbe und leckeren Pizzen. 102 *Hofgasse 6, Tel. 0472-80 26 74; So geschl. außer Aug./Dez.*

MONTAN

ZUR TRAUBE. Seit Pizza auf der Karte des Gasthofs steht, brummt er. Spezialität: Pizza „Traube mit Speck, Steinpilzen, Mozzarella und Gorgonzola". 103 *Dolomitenstr. 16, Tel. 0471-81 98 83; mittags, Mo, 2 Wochen im Juli geschl.*

BURGSTALL

PIZZA PIRRI. Die klar designte Pizzeria an der Dorfstraße lockt mit cooler Terrasse und jungem Ambiente. 104 *Romstr. 90, Tel. 0473-29 13 48; So und 3 Wochen im Juni/Juli geschl.*

TARTSCH

PIZZERIA REMO. Herzerfrischend familiäre Pizzeria in einem Vinschgauer Bauernhaus. Toller Garten – und für Allergiker glutenfreie Pizzen. 105 *Hauptstr. 5, Tel. 0473-83 52 10; Do geschl. und 2. Junihälfte*

NIEDERVINTL

LODENWIRT. Ob mit Tomaten und Rauke, mit Speck oder Eiern, mit Meeresfrüchten oder Räucherlachs: Beim „Lodenwirt" kommt die Pizza aus dem Holzofen. 106 *Pustertalerstr. 1, Tel. 0472-86 70 00, www.lodenwirt.com*

BRUNECK

ARC. Die Pizzeria in der Altstadt gehört zum „Gasthof Krone" von 1508. Unter den Bögen des schönen Saals trifft sich ganz Bruneck. 107 *Oberragen 10 a, Tel. 0474-41 11 08; Do und 2 Wochen im Mai geschl.*

Hier wird mit aller Inbrunst musiziert, ob im Jugendblasorchester oder auf einer Prozession durchs Passeiertal. Außen rechts mit Hut und Tuba: der Kapellmeister Adolf Augscheller

IM GLEICHSCHRITT *Marsch!*

Südtirol hat doppelt so viele Blaskapellen wie Gemeinden, Brauchtum spielt hier die erste Geige. Doch unter Tracht und Tragefahnen schlägt ein junges Herz

VON **JOHANNES STREMPEL** (TEXT) UND **PETER RIGAUD, GEORG TAPPEINER** (FOTOS)

W**ER SÜDTIROLER MUSIKANTEN** nach dem Dorf Walten fragt, hört stets dieselbe Antwort: dass Walten ein Rätsel sei. Die Blaskapelle dort könne besser marschieren als jede andere. „Dabei hat's keine einzige ebene Fläche in Walten!"

1269 Meter hoch im Passeiertal liegt das Bergdorf, unterhalb des Jaufenpasses. Zwischen frisch gemähten Wiesen und dunklen Fichtenwäldern klammern sich verstreute Häuser an den Hang. Eine steile Gasse führt hinab zur Kirche mit dem Zwiebelturm. Ein Huhn gackert, aus der Ferne klingen Kuhglocken, die Kirchuhr schlägt einen kurzen, hellen Ton.

In den vergangenen Jahrzehnten hat dieses stille Dorf fast jeden Marschwettbewerb gewonnen, sogar international. Internationale Marschwettbewerbe – das gibt es tatsächlich! Und die Waltner Blasmusiker beherrschen das Abfallen und Aufmarschieren, das Kurztreten und die große Wende so souverän, sie bewegen sich so synchron aus der breiten zurück in die normale Marschformation, dass sie dort regelmäßig in der höchsten Leistungsstufe gewinnen, der „Kunststufe E". Sogar ein Lehrvideo über die „Musik in Bewegung" haben sie produziert. Dabei gibt es genug Konkurrenz: Allein Südtirol hat 211 Blaskapellen – fast doppelt so viele wie Gemeinden.

Ein kurzes Stück von der Kirche die Straße hinauf liegt die Scheune von Ferdinand Haller, genannt Stadele Ferdl. Der 74-Jährige hat die Musikkapelle Walten 1952 mitgegründet. Er steht auf einen Rechen gestützt auf seiner abschüssigen Wiese, zwischen Hügeln aus gemähtem Gras, ein schlanker Mann mit kariertem Hemd, Tirolerhut und sanften Augen.

„Die ersten Instrumente wurden von ‚Holzgeld' angeschafft", erzählt er. Die Bauern wurden angebettelt und spendeten ein paar Bäume. Die jungen Männer, die Musiker werden wollten, durften sie schlagen und verkaufen. „Der Kapellmeister hat uns dann einfach die Instrumente in die Hände gedrückt, und nur zwei Monate später haben wir unsere erste Messe gespielt."

Fünf Brüder seien sie gewesen „dazumal", sagt er, alle seien der Kapelle beigetreten. „Da konnten wir auch zu Hause eine schöne Musik zusammen machen." 55 Jahre lang spielte Ferdinand Haller das Flügelhorn, eine Art Trompete, nur mit weicherem Klang. Die längste Zeit spielte er die wichtige erste Stimme, die Melodie der alpenländischen Stücke. Als seine Zähne schlechter wurden, die Finger langsamer, die Augen schwächer, wechselte er auf die weniger anstrengende zweite Stimme.

Schwarze Wolken türmen sich jetzt auf den Berggipfeln, Dunst liegt über dem Tal, ein leichter Nieselregen geht auf die Häuserdächer nieder. Zwei Radler kämpfen sich die steile Passstraße zum Jaufen hinauf, schweigend und tief über ihre Lenker gebeugt. Vor vier Jahren, sagt Ferdinand Haller, musste er das Spielen ganz aufgeben. „Wenn man so lange dabei war, ist das Aufhören nicht tragisch." Marschieren kann er ja noch. Als Fähnrich trägt er bei den „Ausrückungen" die Fahne mit dem Wappen der Marktgemeinde, führt die Kapelle bei Prozessionen an – bergauf, bergab über die schmalen Feldwege von Walten. Auch bei der vorigen Johannesprozession ist er vorausgegangen, der wichtigsten des Jahres. Sie ist dem Schutzheiligen gewidmet, der das Bergdorf vor Unwettern bewahren soll. Bis hoch auf 1400 Meter windet sich der Pfad durch Wiesen und Wälder hinauf zur Wallfahrtskapelle St. Johann, wo die schwere Heiligenstatue abgestellt wird. Ein harter Weg, nicht nur für den alten Fähnrich Haller.

„Vielleicht ist das ja unser Erfolgsgeheimnis", sagt Andreas Augscheller, der Haller vor Jahren am ersten Flü- →

Schlagkräftig und gut behütet: David Pixner (li.) trommelt für Walten – natürlich mit Tirolerhut! Kopfschmucklos dagegen das Jugendblasorchester (Mitte). Der Waltner Obmann Andreas Augscheller (u.) trägt zur Tracht Trompete, die Gürtel der Musiker bestechen durch von Hand gestickte Federkiel-Verzierung

Jugend musiziert: Nachwuchs-Bariton Mathias Heel hat die Noten immer fest vor Augen. Dabei gelten die Waltner ohnehin als Meister ihres Fachs

Den Weg nach oben angetreten: Drei Ministranten wandern zur Wallfahrtskapelle, die Schlagzeugerin Amrei Prünster (l. u.) gibt den Takt vor

gelhorn ablöste. „Wer sich bei seinen Prozessionen so abmühen muss, für den ist das Marschieren auf ebener Straße so, als hätte er plötzlich keine Gewichte mehr an den Füßen."

Seit 20 Jahren versieht Andreas Augscheller das Amt des Kapellen-Obmanns, des Vorstands, der sich um die alltägliche Organisation des Vereins kümmert. „Die Kapelle ist wichtig für die Gemeinschaft", sagt der 42-Jährige. „Früher kam das Dorf jeden Sonntag in der Kirche zusammen. Aber die Zeiten sind vorbei."

Viele verdienen ihr Brot heute nicht mehr als Bergbauern, sondern im Tourismus oder Baugewerbe, oft auch am Wochenende und außerhalb des Dorfes. Obmann Augscheller selbst vertreibt Sportartikel. „Jeder geht seinen eigenen Weg, man trifft sich kaum mehr." Oft sei die Kapellprobe im ersten Stock der Feuerwehr die einzige Gelegenheit, sich auszutauschen. „Der Freitag ist der beste Tag der Woche", sagt Augscheller. „Die Proben sind wie eine Insel, wo ich abschalten kann."

43 Musiker hat das Dorf bei gerade mal 325 Einwohnern. In ganz Südtirol kann der „Verband Südtiroler Musikkapellen" stolze 9517 Mitglieder aufweisen, von denen erstaunlich viele jung sind. Die Waltner Musiker sind im Durchschnitt 29 Jahre alt. An Nachwuchs mangelt es nicht, obwohl die jungen Leute erst zwei, drei Jahre die Musikschule besuchen müssen, bevor sie zum Vorspiel antreten dürfen.

Die Blaskapellen pflegen ihr Brauchtum mit großem Ernst. Es gibt Stabführerschulungen, Kapellmeister-Tagungen, Seminare für Kapellen-Führungskräfte und das „Jungmusiker-Leistungsabzeichen" in Bronze, Silber, Gold. In der Region, die seit langem zwischen zwei Kulturen und zwei Sprachen zerrieben wird, haben die Musik und das Marschieren große kulturelle Bedeutung erlangt. Und Obmann Augscheller muss, was Letzteres angeht, mit einem Gerücht aufräumen: Dass die Waltner keine einzige ebene Fläche zum Trainieren hätten, sei gar nicht wahr.

UNTEN IM TAL NÄMLICH, nur eine knappe halbe Autostunde entfernt, im Nachbardorf St. Leonhard, gibt es einen geräumigen Fußballplatz, auf dem die Waltner das Marschieren perfektionieren. Schließlich haben sie den Ruf von Generationen zu verteidigen. Schon der allererste Stabführer der Kapelle, damals in den fünfziger Jahren, sei ein schneidiger Kerl gewesen, sagt Augscheller: „Der steckte seinen ganzen Ehrgeiz ins Marschieren."

Auch an diesem Abend versammelt sich die Musikkapelle wieder in St. Leonhard, doch diesmal für ein Konzert. Vor der überdachten Bühne auf dem Raiffeisenplatz hat der Tourismusverein Bierbänke aufgebaut. Ein paar Musiker stehen rauchend und plaudernd abseits, ein Trompeter bläst sich mit der chromatischen Tonleiter warm, eine Klarinettistin übt Dreiklänge. Verspätet hastet ein dicker Mann mit seiner Tuba über den Platz zur Bühne.

Andreas Augscheller, am Nachmittag noch in T-Shirt und Jeans, trägt jetzt wie alle Musiker Tracht: ein weißes Hemd unter dem roten Leibl, grüne „Hosenheber" an den kurzen Lederhosen, Tirolerhut und einen breiten, mit dem Tiroler Adler verzierten Gürtel. Die Instrumente stellt die Kapelle, aber die Tracht müssen die neuen Mitglieder selbst bezahlen. „Da kommen schon mal 4000 Euro zusammen", sagt Augscheller. Vor allem der handbestickte Gürtel sei teuer.

Das Konzert beginnt mit dem „Habsburg-" und dem „Kaiserschützen-Marsch", es folgt eine Egerländer Polka, ein Ungarischer →

Voll auf die Tuba gedrückt: Unterm Arm trägt sich das dicke Ding am besten (u. li.), Karl Pfitscher (u. re.) bläst es für Walten. Im Jugendblasorchester (Mitte) sitzen die Tuben hinter den Hörnern und Euphonien. Rechts außen sieht man die verkehrte Trachtenwelt: die Damen tragen Schlapphut, die Herren Strumpfband

Blaskapelle vor Bergkapelle: Die Prozession ist bei St. Johann angelangt. Der hölzerne Schutzheilige wurde im nahen Bach aufgebahrt und wird zur Kapelle hochgetragen, die Gottesmutter (re. u.) wacht über allem

Tradition und Moderne: die Waltner Musikkapelle vor der Wallfahrtskapelle St. Johann, unten links Gastdirigent Thomas Doss, umringt von Talenten des Jugendblasorchesters

Marsch, schließlich sogar ein Medley der Filmmusik aus „Fluch der Karibik." Die Touristen, die anfangs zurückhaltend am Rand des Platzes ausharrten, setzen sich und spenden Beifall. Dann kündigt der Kapellmeister eine Suite an, dem Freiheitskämpfer Andreas Hofer gewidmet, der 1767 in St. Leonhard zur Welt kam. „Wenn es möglich wäre, würde ich jetzt sagen: ‚Lehnen Sie sich zurück'", sagt der Kapellmeister. Die Zuhörer auf den schmalen, wackeligen Bierbänken lachen.

Die Suite ist ein umfangreiches, anspruchsvolles Werk in drei Sätzen, gute 20 Minuten lang. Mit der fröhlichen Blasmusik der Bierzelte hat sie nichts gemein. Moderne sinfonische Klänge sind zu hören, einzelne Musiker meistern schwierige Soloparts, immer wieder ertönen Militärsignale und Zitate – im zweiten Satz etwa die französische „Marseillaise", weil Andreas Hofer damals gegen die Truppen Napoleons kämpfte.

IM LETZTEN SATZ spielt der 25-jährige Norman Klotz ein lyrisches Solo am ersten Flügelhorn – auf dem gleichen Instrument, das der Gründervater Ferdinand Haller einst spielte und das Andreas Augscheller, aus der Generation der Söhne, noch immer spielt. Norman Klotz ist sozusagen der Enkel am Instrument. Beruflich hat er den Lkw-Betrieb seiner Familie im Dorf übernommen, aber seine Freizeit gehört ganz dem Flügelhorn. Seit 15 Jahren spielt er schon in der Waltner Kapelle, dafür übt er mindestens acht Stunden in der Woche. „Privat höre ich gern mal Rock", sagt er, „aber das höchste der Gefühle ist für mich die klassische Volksmusik, vor allem das sinfonische Blasorchester."

Ein paar Tage später spielt er in genau so einer Besetzung, im Südtiroler Jugendblasorchester. Seit fünf Jahren gibt es dieses Projekt: Jeden Sommer treffen sich ausgewählte junge Talente, proben eine Woche lang gemeinsam und geben anschließend einige Konzerte.

An diesem Vormittag versammeln sich 71 junge Musiker im Kulturhaus des Dorfs Schlanders. Die meisten sind Bläser, dazu kommen eine Handvoll Schlagwerker. Nur bei wenigen Stücken werden zusätzlich Harfe, Piano oder Kontrabass eingesetzt. Allein die gut 20 Klarinetten füllen einen Großteil des Raumes – sie übernehmen die Rolle der Streicher im klassischen Orchester.

Beeindruckend und ungewohnt tönt vor allem das reich besetzte, tiefe Instrumentarium: Wenn der Gastdirigent Thomas Doss die Bass- und Kontrabassklarinetten, die Hörner, Euphonien und Tuben ins Fortissimo anschwellen lässt, sind das Klänge, die man im normalen Sinfoniekonzert nie hört; teils mit ungeraden Takten, Vierteltönen und Kompositionen in Zwölftontechnik.

„Wir wollen mit diesem Projekt einerseits die jungen Musiker fördern", sagt der Jugendleiter Arnold Leimgruber vom Verband Südtiroler Musikkapellen, „andererseits sollen sie die moderne Bläserliteratur nach Hause in ihre Kapellen tragen, um dort das Niveau zu heben."

Denn obwohl viele der Teilnehmer längst klassische Musik studieren, am Mozarteum in Salzburg oder an den Konservatorien von Innsbruck und Bozen zum Beispiel, spielen alle noch in ihrer heimischen Kapelle – wenigstens in den Semesterferien. Wer sie fragt, ob Blasmusik nicht vielleicht doch etwas sehr Altbackenes und Schlichtes sei, stößt auf verständnislose Blicke. Keiner hier käme auf die Idee, zwischen klassischer Hochkultur und Volksmusik zu trennen. Warum auch?

Am nächsten Tag werden die jungen Musiker, ganz seriös in schwarzen Hemden oder dunklen Kleidern, ein Konzert im noblen Kursaal von Meran geben. Sie werden drei zeitgenössische Werke uraufführen, die Südtiroler Komponisten eigens für das Jugendblasorchester geschrieben haben. An diesem Abend aber, kurz nach der letzten Probe, schlüpfen Norman Klotz und ein paar seiner Kollegen in die kurze Trachtenhose, packen die Instrumente ein und das grüne Notenheft der Blaskapellen, um im Dorfgasthof von Schlanders aufzuspielen. Zum reinen Spaß – und vielleicht für ein paar Runden Freibier – blasen sie bis zum frühen Morgen Polkas, Walzer und Südtiroler Märsche.

Festtags-Alltag: Nach der Prozession wird gefeiert (u. li.), bevor jeder wieder seiner Wege geht (re.). Mit Blech und Tracht: Norman Klotz (u. re.) bläst das Flügelhorn für Walten; die Tuba wurde kurz geparkt (ganz li.)

Am Ende der Prozession in St. Johann ruht der hölzerne Heilige vor der Bergkapelle, und die Blumenkinder Georg Gufler und Thomas Pöll (li.) gehen heim

Lasset Musik walten! Von Tuten und Blasen haben die Tiroler unglaublich viel Ahnung. Deshalb sollten Sie auch gut auf unsere Empfehlungen hören …

DORF WALTEN

Das 325-Seelen-Dorf Walten (ital. Valtina) liegt auf halber Strecke zwischen St. Leonhard und dem Jaufenpass an der Bundesstraße 44 in der Region Passeier. Sie bietet im Sommer 350 Kilometer markierte Wanderwege, im Winter Langlaufloipen und das Skigebiet Ratschings-Jaufen, 15 Autominuten von Walten entfernt.

ÜBERNACHTEN/ESSEN UND TRINKEN

■ **Genießer- und Wanderhotel Jägerhof** Sehr schön gelegenes, aussichtsreiches Familienhotel, das von einem der vielen Augschellers des Dorfs, dem 43-jährigen Siegfried, geführt wird. Hervorragende Küche, mit einer Gault-Millau-Haube ausgezeichnet. Spezialitäten: fein mariniertes Hirschcarpaccio und ein delikater Schmorbraten vom Waltner Gamsbock. Hinter dem etwas überraschenden „Haifisch" auf der Karte verbirgt sich ein Bachsaibling, auf einem Bett aus Bergheu (im Dialekt *Hai*) im Ofen gegart (16 €). Geführte Wandertouren, Shuttle-Bus zum Skigebiet.
108 **109** *Walten, Nr. 80, Tel. 0473-65 62 50, www.jagerhof.net; DZ/HP ab 98 €; 8.11.–18.12. sowie 2 Wochen im April geschl.*

BLASMUSIK

■ **Musikkapelle Walten.** Gut ein Dutzend Konzerte spielt die Kapelle im Jahr, dazu kommen kirchliche und weltliche „Ausrückungen". Der Höhepunkt jeder Saison ist das alljährliche Pfingstkonzert. 2002 hat die „Waltner Böhmische", eine kleinere Formation der Kapelle, die CD „Das ist Blasmusik" aufgenommen. Man kann sie im Internet bestellen bei *www.newport music.it. Kontakt zur Kapelle über Obmann Andreas Augscheller, Tel. mobil 349-782 54 84, tscharfhof@hotmail.com*

■ **Verband Südtiroler Musikkapellen** Auf der Seite des Verbands (VSM) finden sich ausführliche Informationen zu Auftritten, Seminaren und – nach Bezirken geordnet – Kontaktdaten und Webadressen der 211 Südtiroler Blaskapellen sowie des Südtiroler Jugendblasorchesters (SJBO), in dem talentierte Jungmusiker von 16–30 Jahren unter der Leitung renommierter Dirigenten sinfonische Blasorchesterliteratur einstudieren und aufführen. *Bozen, Schlernstr. 1, Tel. 0471-976387, www.vsm.bz.it;* offene Facebook-Group des Südtiroler Jugendblasorchesters im Internet unter *http://bs-ba.facebook.com/groupphp?gid=2167612 20175. Jugendblasorchester: Verbandsjugendleiter Arnold Leimgruber, Tel. mobil 328-829 39 02, arnold@reflex.at*

INFORMATION

110 **Tourismusverein Passeiertal.** St. Leonhard, Passeirerstr. 40, Tel. 0473-65 61 88, *www.passeiertal.it*

Feuerwehr-Fähnriche: Manuel Pichler, Gabriel Haller und Hubert Klotz (v. li.) aus Walten

Wo die wilden

Die Weinkunst hat schrecklich viele Regeln. Zum Glück gibt es Winzer, die darauf wenig geben und ungewohnte Weine wagen. Drei Rebellen leben in Südtirol

Kerle keltern

VON **KLAUS SIMON** (TEXT)
UND **STEFANO SCATÀ** (FOTOS)

HOANDLHOF

Ein kantiger Betonturm mit über Eck gesetzten Panoramascheiben steht wie ein Ausrufezeichen im Weinberg. Die Wendeltreppe darin zwirbelt sich vom Weinkeller des Hoandlhofs zur Aussichtsterrasse hoch, wo sich ein Rundblick auf wogende Weinberge und die Kirchtürme von Brixen öffnet; weiter unten ragt ein Sonnendeck wie eine Sprungschanze aus den Rebstöcken. Der Herr dieses modernistischen Weinbergs trägt T-Shirt und Shorts und wirkt auch sonst eher wie ein Surfer. **MANFRED NÖSSING** gibt nicht gern den soignierten Winzer mit der Nase im Probierglas, der 38-Jährige läuft hier unter „Manni" und bevorzugt die entspannte Pose – am liebsten in den Designer-Korbmöbeln auf der Sonnenterrasse.

1 HOANDLHOF MANFRED NÖSSING

Seit zehn Jahren sorgt der junge Winzer aus Brixen-Kranebitt für Wirbel in der Südtiroler Weinszene. Der elterliche Hof war bis 1997 ein klassischer Mischbetrieb. Es gab immer schon ein paar Reben, aber vor allem Obstwiesen. Auf deren mageren, sandigen Granitböden stehen heute Grüner Veltliner, Müller-Thurgau – aber vor allem der als eindimensional verrufene Kerner. „Eine Kartoffel" nennt Manni Nössing die Rebsorte im Scherz, weil sie so unkompliziert anzubauen ist. Eine Edelkartoffel allerdings, der sein Hoandlhof viel verdankt. Im Jahr 2000 begann Manni Nössing, seine Trauben selbst zu keltern. Statt sie weiterhin an die nahe Stiftskellerei zu liefern, presste er die Trauben nun selbst, übernahm die Kontrolle über den gesamten Prozess vom Rebstock über die Abfüllung bis zur Auslieferung. Die Eigenproduktion und -vermarktung lohnten sich schnell: Nach nur zwei Jahren erhielt sein aromatischer Kerner 2002 erstmals die begehrten Tre Bicchieri (Drei Gläser) im Gambero Rosso, Italiens wichtigstem Weinführer. Seither wurde „Signore Kerner" noch mehrmals ausgezeichnet. Trotzdem weigert er sich beharrlich, seine Weine an die Bewertungskommission des Weinführers zu schicken, wie es in Italien üblich ist. Die Juroren nehmen es hin und besorgen sich seine Flaschen im Handel.

Auf Überraschungen müssen seine Kritiker und Kunden stets gefasst sein. Seinen fulminanten Einstieg in die Weinwelt schaffte er mit der Cuvée „Espan", einem Rotwein aus den Rebsorten Blauer Zweigelt und St. Laurent. Doch schon nach wenigen Jahren beschloss Nössing, diesen bejubelten Erfolgswein nicht mehr zu produzieren. Er wollte sich nicht auf seinen Lorbeeren ausruhen, sondern weiter experimentieren. 2006 verabschiedete er sich dann sogar ganz vom Rotwein. „Den sollen andere Winzer machen. Das nördliche Eisacktal ist ideal für Weißweine."

Um Brixen verbreitert sich das Eisacktal zu einem Kessel mit alpiner Kulisse. Italiens nördlichste Weinberge liegen zwischen 600 und 800 Meter hoch, klettern steil die sonnenverwöhnten Hänge empor, über die der Nordföhn regelmäßig bläst. Es ist ein raues Klima, in dem Manni Nössing zu Hochtouren aufläuft. „Für unsere Weine ist die Erderwärmung gut", sagt er. Im Moment träumt er von

Bastion des guten Geschmacks: Mit dem Treppenhaus über Eck erinnert der Hoandlhof an eine mittelalterliche Festung. Manni Nössing kämpft darin für die uralten Winzer-Werte: den Wein vom Berg bis in die Flasche begleiten

In Reih und Glied: Wo früher Äpfel wuchsen, stehen nun Reben stramm. Bernadette und Franz Pratzner verwandelten ihren Obsthof in das bekannteste Riesling-Gut Südtirols. In den Akazienfässern im Keller reift der Falkenstein-Wein zu seinem warmen Pfirsich-Aroma

FALKENSTEIN

einer Riserva vom Grünen Veltliner – mindestens zwei Jahre will er Österreichs Nationalrebe also in Zukunft reifen lassen.

Statt weiter auf die hochprämierte Opulenz früherer Jahrgänge zu setzen, ist er jetzt auf der Suche nach Frucht, Frische, Säure. „Früher habe ich die Trauben zu lange hängen lassen. Ich wollte bei der Lese das Extremste", sagt Nössing. Heute wird auf dem Hoandlhof zeitiger gelesen. Das Ziel sind gesunde, aber nicht zu vollreife, übersüße Trauben, was in der Flasche zu weniger Alkohol und mehr Frucht führt. Die Weine des Jahrgangs 2008 – der Grüne Veltliner mit reicher Apfelnote, der leichte, säurebetonte Müller-Thurgau und der stahlige, zitrusfrische Kerner – beweisen, dass der Weg stimmt.

Ungefähr ebenso lange wie der Gambero Rosso die Höchstnote an Manni Nössing vergibt, ist der ewige Rebell Mitglied der Freien Weinbauern Südtirols. Der Verband ist das Sammelbecken der jungen Wilden unter Südtirols Winzern. Die Aufnahmebedingungen sind klar: Bis auf einen geringen Anteil müssen alle Trauben aus dem Eigenanbau stammen. Zugekauft werden darf nur Lesegut aus der gleichen Anbauzone. Gekeltert und ausgebaut wird der Wein ausschließlich im eigenen Keller. Der 1999 von zwölf Weinbauern in Bozen gegründete Verein hat seine Mitgliederzahl seither fast versiebenfacht. Doch noch immer sind sie eine kleine, feine Minderheit in der Weinbauwelt. Sie bearbeiten etwa sechs Prozent der Rebflächen der Region und produzieren rund fünf Prozent aller Südtiroler Weine.

2
FALKENSTEIN
FRANZ PRATZNER

Auch **FRANZ PRATZNER** zählt zu den jungen Wilden, obwohl der einstige Obstbauer bereits vor 20 Jahren auf Wein umstieg. Er hatte es satt, seine Äpfel einfach beim Großhandel abzuliefern, die komplexe Arbeit der Weinbauern faszinierte ihn. Zunächst pflanzte der 29-Jährige Blauburgunder und Gewürztraminer an, ab 1993 auch Riesling. „Meine Lagen gehören zu den trockensten im Vinschgau", erzählt Franz Pratzner beim Gang durch die Reben. Ganze 350 Millimeter Niederschlag gehen im Jahresmittel oberhalb von Naturns nieder, weniger als auf Sizilien. Anders gesagt: Die Sonne brennt an 300 Tagen im →

Da sieht ein Winzer rot: Die Farbe der Felsen hinter der Tenuta Kornell verrät den perfekten Boden

Beflügelt: Marketingfachmann Florian Brigl beim Verkosten seines Erfolgsweins, den er nach dem gefiederten Fabelwesen „Greif" benannte. Das mittelalterliche Wappentier des Guts schmückt auch die Verschlusskappen des rubinroten Lagreins – halb Löwe, halb Adler

TENUTA KORNELL

Jahr über den bis auf 900 Höhenmeter gepflanzten Reben des Weinguts Falkenstein. Pratzner ist kein Mann der großen Worte. Doch längst ist der Autodidakt, der sich, abgesehen von ein paar Lehrgängen, vor allem „mit der eigenen Nase" fortgebildet hat, Italiens wohl prominentester Riesling-Produzent.

Dreimal lässt er mit jeweils einer Woche Abstand die Rieslingtrauben pflücken. Nach der Lese und bis zur Flaschenfüllung, von Anfang Oktober bis Ende Juni, reift der Wein im Akazienholzfass. Mindestens ein Jahr sollten die anfangs widerspenstigen Weine in der Flasche noch ruhen. Erst dann entfalten sie sich vollständig. Acht Jahre Lagerung wären Pratzner noch lieber: „Dann hat der Wein eine schöne Reife und schmeckt nach mehr."

Weinliebhaber können nicht genug von den Falkenstein-Tropfen bekommen. Beim Riesling harmonieren rauchige Noten mit warmen Pfirsicharomen. Die Säure ist weniger spitz als bei den Weinen, die in den kühleren Regionen nördlich der Alpen aus der Rebsorte gekeltert werden. Der Spätburgunder ist von diskreter Eleganz. Der Sauvignon Blanc überrascht mit vollen Stachelbeeraromen.

Pratzner wählt seine Anbauflächen mit Bedacht. Dem Riesling sind die höchstgelegenen Parzellen vorbehalten. Beim Blauburgunder meidet er zu heiße Lagen, die einen Verlust an Fruchtsüße mit sich brächten. Ein gesunder Schuss Pragmatismus kommt hinzu, Winzerromantik ist nicht seine Sache. Statt sich weiter mit Korkproblemen zu ärgern, füllt er seit 2009 alle Falkenstein-Weine außer dem Blauburgunder in Schraubverschlussflaschen ab. Die lassen Laien zwar an Supermarktware denken, doch echte Weinkenner haben die modernen Hightech-Verschlüsse längst akzeptiert. Die Freien Weinbauern sind auf den Weinkarten der mit Hauben und Sternen gesegneten Restaurants der Südtiroler Spitzengastronomie überproportional vertreten. Darauf ist Pratzner stolz.

Spätsommerliches Flirren über dem Etschtal. Die Hitze staut sich vor den Porphyrfelsen, die sich steil hinter dem Weingut Tenuta Kornell erheben. Der von zwei Ecktürmen flankierte Ansitz geht auf das 14. Jahrhundert zurück, die Winzerfamilie Brigl übernahm das Anwesen 1927. Wein baut sie zwar schon seit dem Hochmittelalter an, doch erst durch den heutigen Chef, **FLORIAN BRIGL**, stieg sie zu einer der ersten Weinbaufamilien im mittleren Etschtal auf.

3
TENUTA KORNELL
FLORIAN BRIGL

Brigl kam über Umwege zum Wein. Er lebte in München, bis er fünfzehn war, studierte später nicht Wein-, sondern Betriebswirtschaft. „Ich war kein Weintrinker", sagt er. Als der Vater 1996 starb, trat der gerade erst 21-Jährige das Erbe dennoch an. Im selben Jahr wurde seine erste Tochter geboren, der Student pendelte zwischen seinem Studienort Innsbruck und der Tenuta Kornell in Siebeneich und lieferte die Trauben noch an die Kellereigenossenschaft. 2001 kelterte Brigl dann zum ersten Mal selbst und trat den Freien Weinbauern bei.

„Der Faktor Mensch ist das Fundament", sagt er. Seine engsten Mitarbeiter sind schon seit den Achtzigern auf dem Weingut; Erich, seine rechte Hand, wurde noch vom Großonkel eingestellt. Ihr Können fällt hier auf fruchtbaren Boden – im wahrsten Sinne, denn der →

TENUTA KORNELL

hohe Gehalt an verwittertem Porphyr und die perfekte Südlage ergeben komplexe, harmonische Weine wie den Cabernet Sauvignon Riserva „Staves". Der rubinrote, pfeffrige Lagrein überzeugt mit Noten von dunkler Schokolade, Tabak und Kirschen, der saftige Merlot mit Himbeer- und Zwetschgen-Aromen.

Die Basisweine werden in Stahltanks ausgebaut, ihre Trauben stammen zum geringen Teil von gepachteten Weinbergen auf dem Ritten oberhalb von Bozen. Unter ihnen sticht der nach Stachelbeere duftende Sauvignon Blanc „Cosmas" hervor, dessen Name auf einen Ortsheiligen zurückgeht. Für die großen Weine, wie die Riserva „Staves", kommen nur Trauben aus Lagen rund um das Weingut infrage, sie dürfen in Barriques und Tonneaux reifen. Die puristisch weißen Etiketten schmückt ein Greif – das Wappentier der Burg Greifenstein, deren Ruine am Fels über der Tenuta Kornell dräut. Die Aussage ist unmissverständlich: Brigls Weine tragen eine moderne, klare Handschrift, beziehen ihre Kraft jedoch aus den seit dem Mittelalter hochgepriesenen Lagen. Diese Werbebotschaft hat der Chef selbst entwickelt – er ist sein eigener Marketingfachmann.

Inzwischen ist Florian Brigl 35 Jahre alt. Und mit jedem Lebensjahr hat er mehr über die Einzellagen der Tenuta Kornell dazugelernt, die von fetten, humusreichen Böden in der Ebene bis zu steinig felsigen Böden im Hang reichen. In Zukunft möchte er nach Lagen gekelterte Weine produzieren, die ihr Terroir betonen: jenes einzigartige Zusammenspiel von Geologie, Boden, Lage, Klima, Rebsorte und Winzerkunst, aus dem ein wirklich außergewöhnlicher Wein erwächst. Dass er der paradiesisch schönen Lage der Tenuta Kornell sein Lebensglück verdankt, steht für Brigl außer Frage: „Wenn dieser Flecken nicht existieren würde, wäre ich nicht in Südtirol." ■

Im Weinberg ein lauschiger Platz, im Keller die Revolution. Holzfässer, *barriques*, dienten übrigens den französischen Revolutionären 1789 als Straßensperren, daher der Begriff Barrikade

INFO
WEIN

MANFRED NÖSSING
111 *Hoandlhof, Brixen, Kranebitt, Weinbergstr. 66, Tel. 0472-83 59 93, manni.vino@tiscali.it;* Verkauf und Besichtigung nach Anmeldung

BERNADETTE UND FRANZ PRATZNER
112 *Falkenstein, Naturns, Schlossweg 19, Tel. 0473-66 60 54, info@falkenstein.bz;* Direktverkauf und Besichtigungen nach Anmeldung
113 114 *Gasthof Falkenstein, Naturns, Schlossweg 15, Tel. 0473-66 73 21, www.gasthof-falkenstein.com*
Im Gasthof neben dem Weingut, vom Bruder geführt, stehen Südtiroler Küche und die Weine von Franz Pratzner auf der Karte. Übernachtung möglich. *DZ/F 60 €, Mo geschl.*

FLORIAN BRIGL
115 *Tenuta Kornell, Terlan, Siebeneich, Bozenerstr. 23, Tel. 0471-91 75 07, www.kornell.it*
Direktverkauf nach Anmeldung

FREIE WEINBAUERN SÜDTIROL
116 *Bozen, Schlachthofstr. 9a, Tel. 0471-23 80 02, www.fws.it*
Die 82 Mitgliedswinzer der Interessensgemeinschaft der selbst vermarktenden Winzer stammen aus allen Anbaugebieten.

VINEA TIROLENSIS
Jahresweinpräsentation der Freien Weinbauern, Ende August. *www.vineatirolensis.com*

BUCHTIPP
Südtirols freie Weinbauern. Gelebte Weinkultur in den Alpen *von Martin Kilchmann und Jörg Wilczek, Folio Verlag, 36 €.* Fotos und Porträts dieses Buchs zeigen: An Etsch und Eisack wachsen echte Persönlichkeiten heran.

Hotel ★★★
Hubertushof

'amilie Delazer
-39040 NATZ-SCHABS
'el. 0039 0472 412 003
'ax 0039 0472 412 263

Herzlich Willkommen in unserem familiär geführten Komforthotel für Wanderer ınd Naturliebhaber. Geräumige Zimmer mit Safe, Telefon, W-LAN, Radio, SAT-TV ınd Balkon. Kinderspielraum, Fitnessraum, Freibad und Wellness-Bereich mit Sauna, Dampfbad, Whirlpool und Beautybehandlungen. **HP schon ab € 47,- p.P./Tag** mit 'eichhaltigem Frühstücksbuffet und 4-Gänge-Menü mit Salatbuffet am Abend. Attraktive 'amilienpakete und Pauschalangebote auf Anfrage!

www.hubertushof.it • hotel@hubertushof.it

HOTEL ★★★★
GOLDENER STERN
MEDICAL WELLNESS IN A HISTORICAL WINE AMBIENCE

Familie von Stefenelli
I-39052 KALTERN
Tel. 0039 0471 963 153
Fax 0039 0471 964 232

Der Goldene Stern im neuen Glanz nach dem Umbau 2008. Ein Familienbetrieb mit Tradition für Entspannung und Regeneration, in historischer Atmosphäre, im Zentrum des Weindorfes Kaltern. Nach einer wohltuenden Medical-Wellnessbehandlung oder einer entspannenden Rückenmassage genießen Sie in der Wellnessoase Momente in der die Zeit innehält. Die kompetente Betreuung und die herzliche Gastlichkeit machen Ihren Aufenthalt zu einer Wohltat für Ihren Rücken und einem Erlebnis für die Sinne. **Übernachtung ab € 68,- p.P./Tag inklusive reichhaltigem Frühstücksbuffet.**

www.goldener-stern.it • info@goldener-stern.it

hotel ☆☆☆S
st.anton

'am. Kompatscher-Rottensteiner
-39050 VÖLS am SCHLERN
'el. 0039 0471 725 062
'ax 0039 0471 725 630

ınkommen - sich zu hause fühlen... Wohlfühlen, wandern und die beeindruckende Natur und Kultur der Ferienregion Seiser Alm mit Naturpark Schlern-Rosengarten erleben. Unser Hotel ietet alles für einen aktiven Genussurlaub in den Dolomiten: moderner Vitalbereich mit licht-lurchflutetem Hallenbad, Biosauna, Finnische Sauna, Kräuterdampfbad, Sonnenterrasse, Cardio-'itnessraum, gemütliche und geräumige Zimmer! Gönnen Sie sich die Freiheit der Wahl... st.anton Kulinarium mit reichhaltigem Frühstücksbuffet & Menüwahl a-la-carte mit Salatbuffet.

www.st-anton.it • info@st-anton.it

HOTEL
RABLANDERHOF
★★★

Familie Osele
I-39020 Rabland/Partschins
Tel. 0039 0473 967 088
Fax 0039 0473 968 140

Zeit zum Leben im Hotel Rablanderhof... Erholen Sie sich in entspannter Atmosphäre in unserem runderneuerten Wohlfühlhotel beim Vital-Frühstücksbuffet und abends beim raffinierten Vier-Gang-Menü mit Salatbar, das der Chef persönlich aus frischen regionalen Produkten zubereitet. Hochwertige, natürliche Lebensmittel sind die Basis aller Gerichte aus der mediterranen und traditionellen Südtiroler Küche (Schonkost möglich). Sonnige Liegewiese, gr. beh. Freischwimmbad, moderne Saunalandschaft mit Saunarium, Solarium, Fusssprudelbecken und Relaxzone. Gratis Fahrradverleih (auch Kinderräder), Wandertipps und gef. Wanderungen, Internet Point + WiFi im Empfangsbereich, gratis Touristcard mit vielen Ermässigungen.

www.rablanderhof.com • info@rablanderhof.com

südtirol privat
einfach herzlich

Schlachthofstraße 59
-39100 Bozen
'el. 0039 0471 324 879

Bed & breakfast und Appartement Urlaub in Südtirol
Einfach herzliche Atmosphäre. Bester Komfort. Hervorragende Preis-Leistung.
Sommer wie Winter ungezwungener Urlaub nach Ihren persönlichen Wünschen.
Ein gepflegtes, familiäres Ambiente, aufmerksame Gastfreundschaft und einheimische Qualitätsprodukte. 180 Südtiroler Privatvermieter in allen Landesregionen freuen sich ıuf Ihren Besuch!

- **Übernachtung mit Frühstück ab € 25,- pro Person**
- **Ferienwohnung für zwei Personen ab € 35,- pro Tag**

Bestellen Sie unser Gastgeber-Verzeichnis kostenlos unter **www.suedtirolprivat.com**
Gerne informieren wir Sie auch persönlich unter **info@suedtirolprivat.com**
oder **0039 0471 324 879**

www.suedtirolprivat.com • info@suedtirolprivat.com

★★★★
Sporthotel
Vetzan

Familie Tschenett
I-39028 SCHLANDERS
Tel. 0039 0473 742 525
Fax 0039 0473 742 467

Die Liebe zum Land entdecken... Unser familiäres 4-Sterne Hotel mit herrlichem Panorama liegt im kleinen Dörfchen Vetzan, eingebettet in den schönsten Obstgärten des Vinschgaus. Zartrosa Blüten im Frühjahr, saftige grüne Apfelwiesen im Sommer, knackige Äpfel und eine bunte Farbenpracht im Herbst - zu jeder Jahreszeit eine malerische Landschaft. Ein ganz besonderer Ort zum Erholen, Urlauben, Regenerieren und Entspannen.

Genießen Sie die familiäre Atmosphäre im Sporthotel, lassen Sie sich die kulinarischen Köstlichkeiten unserer Gourmetküche auf der Panorama-Terrasse schmecken und erholen Sie sich im weißen Marmorhallenbad mit direktem Zugang zum großzügigen Gartenbereich mit Naturbiotop.

www.sporthotel-vetzan.com • info@sporthotel-vetzan.com

www.KONKRET.it

Weinkönige.

Steile Hänge, viel Sonne und das milde Klima: Wir stellen elf Winzer vor, die aus diesen idealen Bedingungen das Allerbeste machen – große Rieslinge, Merlots und Burgunder

MARTIN AURICH

Der Berliner Weinbauingenieur Martin Aurich produziert am Burghügel von Juval im Vinschgau einen viel beachteten Riesling aus der Steillage und einen fruchtigen Weißburgunder sowie überraschend volle Blauburgunder. Das auf 700 Meter gelegene Weingut hat Aurich vom Extrembergsteiger Reinhold Messner gepachtet. Im Angebot sind neben den Weinen exzellente Grappe und köstliche Obstbrände, die Aurich aus Kornelkirschen, Edelkastanien und Holunder brennt. Die halsbrecherisch steile Zufahrt zum Gut ist zwar für den Verkehr gesperrt, Besucher dürfen aber durchfahren.

117 *Weingut Unterortl, Naturns, Juval 1b, Tel. 0473-66 75 80, www.unterortl.it; Vinothek mit Direktverkauf: Mo–Sa 8–12, 14–18 Uhr*

PETER DIPOLI

Seit gut 20 Jahren ist der streitbare, wortgewaltige Winzer und Weinhändler ein Talentsucher – auch Manfred Nössing (siehe S. 112) hat er entdeckt. Der ehemalige Obstbauer Dipoli hat sich einen grandiosen Ruf unter Italiens Weinbauern erworben, aus anfangs nur einem Hektar Weinberg sind heute vier geworden. Sein säurebetonter Sauvignon Blanc „Voglar" betört mit dem Duft von weißen Pfirsichen und Holunderblüten. Mit der reichen, im Barrique ausgebauten Cuvée „Iugum" aus Merlot und Cabernet Sauvignon hat Dipoli eindrucksvoll bewiesen, dass der spät reifende Cabernet Sauvignon in Südtirol hervorragende Weine ergeben kann. Weitere Weine sind der geschmeidige Merlot „Fihl" und der „Frauenriegel" aus der Lage gleichen Namens, der nur in Kleinstmengen produziert wird.

118 *Weingut Dipoli, Neumarkt, Villnerstr. 5, Tel. mobil 338-608 11 33, www.peterdipoli.com; kein Verkauf ab Hof, Besichtigung nur nach Vereinbarung. Erhältlich sind Dipolis Weine u. a. in der* **119** *Vinothek „Ansitz Pillhof", Eppan, Frangart, Boznerstr. 48, Tel. 0471-63 31 00*

Alt und neu: Manincors Renaissanceschloss und moderne Kellerei

BRUNO GOTTARDI

Die begehrten Blauburgunder des Weinguts muss man im Handel etwas suchen. Der aus Innsbruck stammende Weinhändler Bruno Gottardi produziert nur in begrenzten Mengen – vom 2006er Blauburgunder „Mazzon" kamen 40 000 Flaschen auf den Markt. Gottardi erwarb das traditionsreiche Weingut 1986. Die sonnenverwöhnte Lage auf 300 bis 400 Meter Höhe sowie die steinigen, warmen, trockenen Porphyr-Kalk-Böden begünstigen große Jahrgänge. Sanft, diskret, elegant verwöhnen die Blauburgunder den Gaumen mit Kirsch- und Beerenaromen. Schon beim ersten Schluck weiß man, dass sich das Suchen gelohnt hat.

120 *Weingut Gottardi Mazzon, Neumarkt, Mazzon, Gebirgsjägerstr. 17, Tel. 0471-81 27 73, www.gottardi-mazzon.com; kein Verkauf ab Hof, Besichtigung nach Vereinbarung. Die Weine sind bei den besten Südtiroler Weinhändlern erhältlich, z. B. in der* **121** *Vinothek „Battisti", Kaltern, Goldgasse 7, Tel. 0471-96 32 99*

MICHAEL GRAF GOËSS-ENZENBERG

Seine hypermoderne Kellerei ging 2004 durch die internationalen Architekturmagazine. Oberirdisch ist von ihr nur der kleine Vinothek-Pavillon sichtbar, der Rest wurde unter den Weinberg gegraben. Michael Graf Goëss-Enzenberg hat das historische Weingut auf den Kopf gestellt: Er liefert seine Trauben nicht mehr in die Kellereien von Kaltern und Terlan, sondern keltert selbst. Die Rebsortenpalette hat er deutlich erweitert, seit 2006 stellt er seine 50 Hektar Land auf biodynamischen Anbau um. Rund ein Dutzend Weine sind im Angebot, darunter der frische Rosé „La Rose de Manincor", der Top-Wein des Guts „Castel Campan", ein reinsortig ausgebauter Merlot, oder der Sauvignon Blanc „Lieben Aich".

122 *Weingut Manincor, Kaltern, St. Josef am See 4, Tel. 0471-96 02 30, www.manincor.it; Vinothek mit Direktverkauf: Mo–Fr 9.30–12.30, 13.30–18, Sa 10–17 Uhr*

FRANZ HAAS

Der Winzer mit dem markanten Schnurrbart ist ein Alleskönner. Die weiße Cuvée „Manna" aus Riesling, Chardonnay, Sauvignon, Traminer Aromatico ist ein dichter Gaumenschmeichler. Die rote Cuvée „Istante" aus Cabernet →

Sauvignon, Cabernet Franc, Merlot und Petit Verdot überzeugt mit dichten Aromen. Der Rosenmuskateller lässt Italiens Süßweintrinker alle Jahre wieder in höchsten Tönen jubeln. Haas' eigener Favorit ist im Moment der Blauburgunder, der erst nach drei, vier Jahren in der Flasche seine ganze Fülle entfaltet.
123 *Weingut Franz Haas, Montan, Villnerstr. 6, Tel. 0471-81 22 80, www.franz-haas.it; Besichtigung nach Vereinbarung; Direktverkauf ab Hof: Mo–Sa 9–12, 14.30–18.30 Uhr*

GÜNTHER KERSCHBAUMER

Auf dem Köfererhof wird erst seit 1991 Wein produziert, doch die Weißweine zählen zu den besten im Eisacktal. Die Reben von Kerner, Ruländer, Silvaner, Müller-Thurgau, Pinot Grigio und Gewürztraminer reichen bis dicht an das Weingut heran. Andere Lagen recken sich bis auf gut 700 Meter hoch. Günther Kerschbaumer gelingen frische, elegante Weine, unter denen der fruchtige Kerner und der intensive, würzige Riesling herausragen.
124 *Weingut Köfererhof, Vahrn, Neustift, Pustertalerstr. 3, Tel. 0472-83 66 49, www.koefererhof.it; Direktverkauf ab Hof, Verkostung an der Bar 10–18 Uhr oder im Restaurant (im Herbst beliebtes Törggele-Lokal); Di sowie 7.1.–20.2.geschl.*

ALOIS LAGEDER

Mit Alois Lageder begann vor rund 30 Jahren der große Aufbruch in Richtung Qualitätsweine. Heute besitzt Lageder zwei Weingüter mit sieben Weinbergen, das Stammhaus Tòr Löwengang gehört seiner Familie seit den dreißiger Jahren. Dort lässt der Winzer die Flaschenetiketten von Künstlern gestalten und verbindet so seine Liebe zu moderner Kunst mit biodynamischen Prinzipien im Weinberg und Hightech im Keller. Der Cabernet Sauvignon „Löwengang" ist das Maß, an dem sich alle Weine der spät reifenden Rebsorte in Südtirol messen.
125 *Alois Lageder, Tòr Löwengang, Margreid, Grafengasse 9, Tel. 0471-80 95 00, www.aloislageder.eu; Verkauf aller Lageder-Weine in der* **126** *„Weinschenke Vineria Paradeis" (Mo–Sa 10–20, Do bis 23 Uhr; Januar geschl.) im dazugehörigen Weingut Casòn Hirschprunn, Margreid, St. Gertraud-Platz 5, Tel. 0471-80 95 80; Besichtigung nur nach Anmeldung*

HAYO UND FRANZ-JOSEF LOACKER

Vater Rainer Loacker erwarb den historischen Schwarhof am Ritten 1979, heute lebt der Pionier des biodynamischen Weinanbaus zumeist auf einem Familienweingut in der Toskana. Sein älterer Sohn Hayo studierte in Dijon Weinbau und zeigt nun in Südtirol, was er im Weinberg und Keller kann. Der jüngere Sohn Franz-Josef kümmert sich um Verkauf und Marketing des Schwarhofs, zu dem auch ein Gut im Eisacktal gehört. Im Angebot sind elegante, den Charakter der Rebe betonende Weine: zum Beispiel der Sauvignon Blanc „Tasnim" mit Aromen von exotischen Früchten, Myrthe, Holunder und der rubinrote St. Magdalener „Morit" aus Vernatsch und Lagrein mit Himbeeraromen.
127 *Weingut Schwarhof, Bozen, St. Justina 3, Tel. 0471-36 51 25, www.loacker.net; Verkauf und Besichtigung nach Vereinbarung*

Elena Walch und ihr Cabernet

JOSEPHUS MAYR

Seit 1629 wird auf dem stattlichen Erbhof Unterganzer Wein angebaut. Josephus Mayr ist stolz auf diese Tradition – und begreift sie als Verpflichtung, beherzt zu experimentieren. Seit 1988 produziert er seinen „Lamarein", ein Lagrein, dessen Trauben nach der Lese bis in den Dezember in kleinen Kisten in der Scheune getrocknet werden, was sonst nur bei einigen Süßweinen üblich ist. Das Resultat ist ein hochkonzentrierter, im Barrique gereifter Rotwein mit kraftvollen Tanninen. Den Cabernet Sauvignon und Cabernet Franc „Riserva Kampill" lässt der Winzer 18 Monate im Fass reifen. Der spät bis in den November gelesene Wein betört mit reifen Noten von Schwarzer Johannisbeere.
128 *Erbhof Unterganzer, Kardaun, Kampillerweg 15, Tel. 0471-36 55 82, www.tirolensisarsvini.it; Besichtigung nach Anmeldung; Direktverkauf ab Hof: Mo–Sa 8.30–12.30, 15.30–19 Uhr*

IGNAZ NIEDRIST

Im badischen Weingarten zum Kellermeister ausgebildet, hatte Ignaz Niedrist in der renommierten Kellerei Schreckbichl in Girlan ersten Kontakt mit dem Südtiroler Weinanbau. 1991 machte sich der Querdenker selbstständig. Das seither modernisierte Familienweingut produziert saftige Blauburgunder, mineralische, dezente Weißburgunder und die opulente weiße Cuvée „Mitterberg Trias" aus den Trauben von Chardonnay, Viognier und Petit Manseng. Vor drei Jahren begann Niedrist auch, die im Überetsch und Unterland in Ungnade gefallene Rebsorte Vernatsch in größerem Stil wieder anzubauen.
129 *Weingut Niedrist, Eppan, Girlan, Runggweg 5, Tel. 0471-66 44 94, www.fws.it; Verkauf und Verkostung nach Absprache*

ELENA WALCH

Die Cru-Lage Castel Ringberg umfasst 17 Hektar in bester Süd-Südost-Hanglage, mit sandigen, leichten Kalkböden, die genug Wärme speichern, um Lagrein oder Cabernet Sauvignon zur vollen Reife zu bringen. Das Castel Ringberg von 1620 gehört seit über 80 Jahren der Familie, seit Mitte der achtziger Jahre befindet es sich in den Händen der hochbegabten Winzerin Elena Walch (wir berichteten in „Südtirol für Genießer 2008"). Gleich ihr erster eigener Wein, „Cardellino", wurde ein Erfolg, danach „Istrice", ein kräftiger Cabernet. Die weiße Cuvée mit dem schönen Namen „Beyond the Clouds" eroberte mit zarten Vanilletönen, Blumen- und Fruchtaromen die höchste Punktwertung im Gambero Rosso.
130 *Castel Ringberg & Kastelaz, Tramin, Hoferstr. 1, Tel. 0471-86 01 72, www.elenawalch.com; Verkauf Ostern–Anf. Nov. 9–12, 14–18 Uhr, winters Fr Nachmittag bis So geschl.*

Wir

Die alten Bauernhöfe prägen Berg und Tal seit Jahrhunderten. Nun werden viele von ihnen radikal verjüngt. Doch in ihnen wohnt noch immer die Seele Südtirols – und eine herzliche Gastfreundschaft

Kleinkariert ist nur das Bettzeug – Jungbäuerin Marlies Leitgeb empfängt die Gäste sehr großzügig in der urigen „Hofschänke". Ihr Gästehaus über dem Antholzertal ist von rustikalem Minimalismus

machen Ihnen den Hof

VON **ANNETTE RÜBESAMEN** (TEXT) UND **STEFANO SCATÀ** (FOTOS)

131 132 LAGE: ruhig und mit schönem Blick an einem Berghang im Antholzertal.
ADRESSE: *Antholz-Mittertal, Eggerhöfe 42, Tel. 0474-49 30 30, www.eggerhoefe.it*
GEÖFFNET: ganzjährig.
PREISE: Apartment ab 50 € (2 Pers.).
UNTERKUNFT: 4 Apartments für 2–6 Personen, alle mit Südbalkon. Im alten Bauernhaus nebenan befindet sich die „Hofschänke" mit Produkten aus eigener Herstellung. Serviert wird in der uralten Stube oder draußen im Gastgarten.

Eggerhöfe

Holz für die Hütte

Der Bauernhof im Antholzertal wurde um 1200 erstmals urkundlich erwähnt, das mächtige alte Stadel ist von der Sonne schwarz gebrannt. Darüber hat der Landwirt und Langlauflehrer Christian Leitgeb für Übernachtungsgäste eine zweigeschossige Holzkiste an den Hang gebaut – schmucklos, gradlinig, modernistisch. „Ich war der Erste im Dorf mit Flachdach", erzählt der 42-Jährige. Er spricht nicht von Purismus und Design, sondern von Holz aus dem eigenen Wald, vom Energiesparen und davon, dass neue Architektur manchmal besser zur alten passt als angestrengt Historisierendes. Die vier nach Süden ausgerichteten Apartments unterscheiden sich denn auch spürbar vom klassischen Bauernhofquartier. Wände und Fußböden, Tische und Betten sind aus Fichte und duftender Lärche gebaut, leicht gebürstet, geölt oder auch unbehandelt. Dazu passen die Einbauküchen in Anthrazit oder Dunkelrot – rustikaler Minimalismus vom Feinsten. Eine Wohltat fürs Gemüt sind die Düfte, die aus dem Gastgarten aufsteigen. Dort servieren Bauer Christian und seine Frau Marlies den Gästen unter der flatternden Tiroler Fahne alpine Köstlichkeiten wie Schlutzkrapfen mit Brennnessel-Füllung, Speck von eigenen Schweinen und selbst gemachten Graukäse.

Modernes Gästehaus neben uralter Scheune: Bauer Christian Leitgeb genießt mit seiner Frau den Lärchenduft der neuen Terrasse (li.). Ihr vierjähriger Sohn Maximilian freut sich auf die von Hand gemachten Schlutzkrapfen

133 LAGE: direkt am Dorfplatz von Lajen, am Eingang zum Grödner Tal.
ADRESSE: *Lajen, Dorfplatz 8, Tel. 0471-65 50 40, www.zehentnerhof.com*
GEÖFFNET: ganzjährig außer November.
PREISE: Apartment ab 45 € (2 Pers.), DZ/F ab 52 €.
UNTERKUNFT: 2 Apartments für 2–5 Personen, 3 Doppel- oder Mehrbettzimmer. Das schönste ist das „Fürstenzimmer" mit originaler Holzvertäfelung, einem Kachelofen und einem kleinen Balkon.

Ansitz Zehentner

Milch für den Pfarrer

Stattlich steht der „Zehentnerhof" am Dorfplatz von Lajen, über 600 Jahre alt sind seine dicken Mauern. Sein Name verweist auf den „Pfarrzehnt", den die Bauern früher als Steuer an die Chorherren von Neustift abführen mussten. Heute wird die Kirchensteuer durch den italienischen Staat erhoben, doch jeden Samstagabend schreitet der Pfarrer noch immer mit klappernder Milchkanne quer über den Dorfplatz und verschwindet im Kuhstall des „Zehentnerhofs". Er holt dort die zwei Liter Milch ab, die ihm einer langen Tradition nach zustehen. Bauer Meinhard Schenk gibt sie ihm gern; er freut sich, wenn Historisches weiterlebt. Das sieht man auch dem Hof an, der mit viel Liebe restauriert wurde: das Kopfsteinpflaster im Eingangsbereich, die wuchtige, originale Balkendecke im zweiten Geschoss und vor allem die hinreißende spätgotische Stube, in der die Gäste morgens bei Gerlinde Schenks üppigem Frühstück sitzen und mit den Gastgebern ratschen – oft können sie sich erst gegen halb zwölf dazu aufraffen, den Tag zu beginnen.

Schöne Traditionen: Decken und Wände der Gaststube sind mit Holz vertäfelt, die Pfannen hängen in der Hofküche, der Garten blüht, ein Mädchen spaziert zum Frühstück in der Gaststube

Zirmerhof

Hoch im Süden

Auf einem Sonnenplateau hoch oben über dem Etschtal, inmitten von 150 Hektar eigenem Wald und 60 Hochlandrindern, steht die Mutter aller Südtiroler Ferienbauernhöfe. Sie macht einen erfreulich munteren Eindruck, obwohl sie schon seit 1890 Urlauber aufnimmt. Ihre Jahre sieht man ihr allerdings an, und das ist gut so: Mit knarrenden Dielenböden, geschnitzten Holzdecken, Kachelöfen und viel antikem Mobiliar in Stuben und Gästezimmern umfängt der „Zirmerhof" seine Besucher wie in einer warmen Umarmung. Eine Atmosphäre, in der sich von Anfang an Künstler, Wissenschaftler und Intellektuelle wohlfühlten. Ein Fernsehgerät im Zimmer gibt es nicht, dafür genug anderes anzusehen: ein grandioses Bergpanorama, das von der Brenta bis zu den Stubaiern reicht, die prächtigen Fresken im Speisesaal und die vielen Bücher in der Bibliothek, in der Hegels „Ästhetik" neben einem glänzenden Laptop steht. Der neue Wellness-Bereich ist unauffällig in den Hang gegraben und mit viel Holz, Naturstein und einem massigen, ausgestopften Hochlandtierschädel eingerichtet – weder kitschig noch cool, sondern einfach nur schön.

134 135 **LAGE:** still und abgelegen auf 1560 Meter über dem Etschtal.
ADRESSE: *Aldein, Radein, Oberradein 59, Tel. 0471-88 72 15, www.zirmerhof.com*
GEÖFFNET: Mai bis Anfang November und Weihnachten bis Mitte Januar.
PREISE: DZ/HP ab 160 €, in der Berghütte ab 120 € (2 Pers.).
UNTERKUNFT: 35 Zimmer, 3 kleine Berghütten (2–6 Pers.). Schöner Panorama-Pool und Wellnessbereich. Feine Südtiroler Küche, Gewürztraminer aus eigenem Anbau. Bei seiner Größe und Ausstattung ist der „Zirmerhof" trotz landwirtschaftlichen Betriebs mehr Hotel als Bauernhof. Aber wer will ihm das schon übelnehmen?

Immer mit der Ruhe: Draußen am Pool sieht man den Wolken beim Vorbeiziehen zu, drinnen dem Kamin beim Brennen. Und von vielen Zimmern geht der Blick weit ins Etschtal

Die Wurzel allen Glücks: Bäuerin Priska Weger zieht im Garten Gemüse und längst vergessene Kräuter. Sie schmücken auch den Frühstückstisch des Bauernhofs

136 LAGE: ruhig in den Apfelplantagen zwischen Schenna und Meran.
ADRESSE: *Schenna, Alte Straße 8, Tel. 0473-21 23 96, www.oberhaslerhof.com*
GEÖFFNET: ganzjährig.
PREISE: Apartment ab 60 € (2 Pers.).
UNTERKUNFT: 3 modern-rustikale Apartments für 2–6 Personen, Sauna und Bio-Dampfbad, Kinderspielplatz.

Oberhasler Hof

Gehegt und gepflegt

Der Kräutergarten vor dem alten Bauernhaus ist ein kleines Paradies: angelegt wie ein Klostergarten, mit Kieswegen, Buchsbaumhecken und einem Bänkchen in der Ecke, auf dem man unter Goldrute und wildem Wein glücklich sein kann. Mit Blick auf die hofeigenen Obstplantagen, Meran und die Zielspitze hegt Bäuerin Priska Weger längst vergessene Kräuter wie Wegwarte und Ysop, Gemüsemalve und Schennabohne. Sie verarbeitet das aromatische Grün zu Tees, Tropfen und Schnäpsen und liefert es an das Spitzenhotel „Hohenwart" weiter oben im Dorf, wo der Küchenchef köstliche Menüs daraus zaubert.

Irgendwo in ihrem Gärtchen muss die 38-jährige Bäuerin auch ein geheimes Glückskraut ziehen. Das würde zumindest die mitreißende Lebensfreude erklären, mit der sie sich gleichermaßen um Pflanzen wie um Gäste kümmert. Schon bei der Ankunft warten frische Eier, selbstgebackenes Nussbrot und ein „Begrüßungsstrudel" im Apartment. Später dürfen die Gäste in der Bio-Dampfsauna entspannen oder sich von der Bäuerin, die eine Kneipp-Ausbildung absolviert hat, massieren lassen. „Mir macht das unheimlich viel Spaß!", ruft die Gastgeberin und strahlt. Das Glückskraut kommt hoffentlich bald in den offenen Verkauf.

Falatschhof

Naturtheater im Liegestuhl

Lichte Architektur: das Gästehaus

Bäuerin Doris Bayer ist zu jeder Geselligkeit bereit – doch sie spürt auch schnell, wenn ihre Urlauber anderes im Sinn haben und lieber den ganzen Tag im Liegestuhl vor den vier Ferienwohnungen des Vinschgauer Obsthofs verbringen. Das Gästehaus ist als eine Art Amphitheater aus Naturstein, Lärchenholz und Glas gebaut, wie geschaffen dafür, in Seelenruhe die Umgebung zu bestaunen. Ortlergruppe, Apfelbäume und die Ringmauer des uralten Städtchens Glurns, dessen Tor- und Kirchtürme in 500 Meter Entfernung aus den Wiesen und Weiden stechen – das ist das friedliche, beglückende Panorama des „Falatschhofs", vor dem es sich ganz wunderbar faulenzen lässt. Die hell und modern eingerichteten Wohnungen ziehen denn auch Gäste an, die im Urlaub vor allem Ruhe und Entspannung suchen. Wer Lust hat, kann aber auch bei der Apfelernte zuschauen. Den hauseigenen Apfelsaft stellt Doris Bayer jedem Gast schon zur Begrüßung hin – zusammen mit ihrer selbstgemachten Marillenmarmelade.

137 LAGE: still vor dem Städtchen Glurns im Vinschgau.
ADRESSE: *Glurns, Falatschweg 4, Tel. 0473-83 01 98, www.falatschhof.it*
GEÖFFNET: ganzjährig.
PREISE: Apartment ab 70 € (2 Pers.).
UNTERKUNFT: 4 großzügige Apartments für 2–4 Personen in heller und moderner Anmutung. Jede Wohnung hat einen eigenen Garten bzw. eine begrünte Terrasse.

Für jedes Bad ist hier ein Kraut gewachsen

Weidacherhof

Wohlsein im Wollbad

Hinterm Haus tuckert leise die Rittner Schmalspurbahn vorbei, der Blick über den Bergwald geht hinüber zu den blassen Dolomitengipfeln, und im Gemüsegarten vor dem 400 Jahre alten Hof beugt sich Bäuerin Margit Rottensteiner über die Beete und pflückt duftende Büschel. Es sind die Zutaten für Bäder, Peelings und Packungen. Im Untergeschoss hat die Hausherrin einen Whirlpool, eine Sauna und einen Behandlungsraum eingerichtet, in dem altes Gebälk und Wannen aus Zirbenholz Wärme und Behaglichkeit ausstrahlen. Margit Rottensteiner richtet Molke-, Ziegenmilch- und Kräuterbäder an, bettet Gäste ins gemütliche Wollbad, massiert sie und trägt Alpenkräuterpackungen auf. Genau die richtige Vorbereitung für das, was man sich früher unter Wellness, also „Wohlsein", vorgestellt hat: ein Nickerchen auf dem Liegestuhl am blühenden Bauerngarten.

138 LAGE: oberhalb Bozens auf dem Ritten, am Ortsende von Klobenstein.
ADRESSE: *Klobenstein, Viehweiderweg 1, Tel. 0471-35 66 91, www.weidacherhof.com*
GEÖFFNET: ganzjährig außer 8.11.–26.11.
PREISE: Mini-Apartment ab 48 € (2 Pers.), DZ/F ab 70 €, Molkebad 27 €, Wollbad mit Massage 69 €.
UNTERKUNFT: 4 komfortable Apartments für 2–8 Personen mit Dolomitenblick, 1 DZ, Wellnessbereich, Kinderspielplatz.

Falzrohr

Architektur in der Natur

Die Obstbäuerin Rita Kaserer wollte keine Zimmer vermieten, sondern lieber gleich ein ganzes Ferienhaus. Da traf es sich gut, dass nicht weit entfernt, in Morter, ein besonderer Architekt arbeitet: Werner Tscholl, bekannt durch skulpturartige Wohnhäuser und die Umgestaltung der Bozner Burg Sigmundskron zum Messner Mountain Museum. Tscholl dachte nach – und setzte dann zwischen die Apfelbäume der Familie Kaserer ein u-förmiges Vollholzhaus. Licht und leicht scheint es am Hang über Tschars zu schweben, die rötliche Lärchenholzfassade kontrastiert mit dem Grün des Vinschger Sonnenbergs. Das Panorama ist herrlich, der Blick ungetrübt: Im Wohnzimmer lässt eine deckenhohe Glasfront die Landschaft ins Haus, draußen auf der Terrasse erlaubt eine dezente Stahlseilbrüstung den freien Blick ins Tal. Die Inneneinrichtung hat Architekt Tscholl gleich mitbesorgt und eine schöne Einbauküche mit Arne-Jacobsen-Stühlen liefern lassen. Mit dem Ergebnis, dass Rita Kaserer inzwischen am liebsten selbst aus ihrem Tirolerhaus mit dem dunklen, rustikalen Holzmobiliar ins Ferienhaus umziehen würde. „Leider", seufzt sie, „ist es für uns zu klein."

139 **LAGE:** außerhalb von Tschars in den Apfelplantagen, erhöht über dem Tal. Unter der Woche hört man tagsüber entfernt den Verkehr von der Vinschger Landstraße.
ADRESSE: *Tschars, Klostergasse 19, Tel. 0473-624365, www.falzrohr.com*
GEÖFFNET: ganzjährig.
PREISE: ab 65 €.
UNTERKUNFT: Ferienhaus für 2–5 Personen mit 2 getrennten Schlafzimmern.

Schlicht und ergreifend: Ferienhaus von Star-Architekt Tscholl

Frötscherhof

Musik unter der Linde

Fast jeden Tag schaut der Onkel Hans auf einen Sprung vorbei. Vor 75 Jahren wurde er hier geboren, und obwohl er längst oben in St. Andrä wohnt, fühlt er sich auf dem „Frötscherhof" immer noch zu Hause. Manchmal bringt er seine Zither mit, die Maultrommel oder das Alphorn; dann stellt die junge Bäuerin Anna Jocher Speck und selbstgebackenes Schüttelbrot auf den Tisch, die Gäste setzen sich dazu und lauschen, wie der Onkel musiziert und Geschichten von früher erzählt. Zum Beispiel, wie er als Bub immer in die 40 Meter hohe Linde hinter dem Hof geklettert ist, von Ast zu Ast wie ein Eichkätzchen. Die Linde steht immer noch da, mächtig wie die Mauern des Bauernhauses, das schon seit 800 Jahren hoch über dem Brixner Talkessel thront. Ein paar Kleinigkeiten haben sich dennoch geändert: In den oberen Stockwerken des Wohnhauses erholen sich jetzt Gäste in lichten Apartments, das Milchvieh im Kuhstall wird nach Bio-Kriterien verpflegt, und auf der großen Wiese hat Bauer Sepp einen Beachvolleyball-Platz angelegt, der winters zur Eislaufbahn taugt. Für die Kinder gibt es ein Klettergerüst. „Auf die Linde", sagt Onkel Hans bedauernd, „traut sich heut' ja keiner mehr."

Onkel Hans „unplugged": Hausmusik auf der Maultrommel. Dazu gibt es Schüttelbrot und Speck

140 **LAGE:** auf 900 Meter, zwischen Brixen und dem Gipfel der Plose.
ADRESSE: *St. Andrä, Mellaun 174, Tel. 0472-852105, www.froetscherhof.com*
GEÖFFNET: ganzjährig.
PREISE: Apartment ab 58 € (3 Pers.).
UNTERKUNFT: 4 Apartments (3–5 Pers.), nach baubiologischen Aspekten mit viel Holz eingerichtet. Aufenthaltsraum, Spielplatz mit Trampolin, Streicheltiere. Aus dem Wasserhahn fließt das von Esoterikern hoch gelobte Wasser vom Berg Plose.

Ein Ort für Sport. Genug genossen! Wir sagen Ihnen, wie Sie von der faulen Haut aufs hohe Ross und über alle Berge kommen. Reiten, baden, golfen, surfen, klettern: Machen Sie mobil!

Einmal Hochseilartist sein – im Abenteuerpark Toblach

NERVENKITZEL: HOCHSEILGÄRTEN

Wenn Berg und Fels nicht genug Adrenalin durch Ihre Adern jagen, können Sie sich durch Hochseilgärten hangeln. In luftiger Höhe – gut angeleint und unter Aufsicht professioneller Bergführer – geht es auf Hängebrücken und über Seilnetze von Baum zu Baum.

■ **Outdoor & Funpark Kronaction** Der größte Hochseilgarten Südtirols. Acht verschiedene Parcours, über 100 Stationen. **141** *Pfalzen, Issing, Am Weiher, Tel. mobil 348-594 78 13, www.kronaction.com*

■ **Familienalm Taser.** Auf 1500 Meter über Schenna im lichten Bergwald gelegen. Panoramablick auf Stubaier Alpen und Ortlergruppe. Höhepunkt: die 45 Meter lange Hängebrücke. Nach Anmeldung. **142** *Schenna, Bergstr. 33, Tel. 0473-94 56 15, www.familienalm.com*

■ **Abenteuerpark Kaltern.** 12 verschiedene Parcours, 110 Stationen und über 20 Seilrutschen. Geburtstagskinder haben freien Eintritt. **143** *Kaltern, Sportzone St. Anton, Tel. mobil 347-801 09 60, www.abenteuerpark.it*

■ **Abenteuerpark Toblach.** Besonderer Stolz der Anlage-Betreiber ist der „Schlucht-Parcours“ mit 40 Kletterstellen (nur nach Anmeldung). **144** *Toblach, Sportzone Neutoblach, Tel. mobil 340-567 89 60, www.abenteuerpark.it*

TAUCHBECKEN: NATURBADETEICHE

Perfekter Kompromiss zwischen Schwimmbad und See: Südtirols drei künstlich angelegte, mit Trinkwasser aufgefüllte Naturbadeteiche kommen ohne Chlor und Chemikalien aus, weil das Wasser durch Pflanzen und Kies gereinigt wird – Badespaß ohne brennende Augen!

■ **Naturbadeteich Sand in Taufers** Das erste Naturschwimmbad Italiens. **145** *Sand in Taufers, Sportzone, Tel. 0474-67 82 57; 1.5.–1.10.*

■ **Naturbadeteich Lüsen.** Besonders charmante Lage mit Kirchturmblick, Holzplattform zum Sonnenbaden, Wasserrutsche. **146** *Lüsen, Schönbrunner Weg 3, Tel. mobil 346-002 84 80; 10.5.–15.9.*

Sonnenbad mit Seeblick am klaren Naturbadeteich Sand in Taufers

■ **Naturbadeteich Toblach.** Hier fehlen weder Pizzeria noch der Mega-Bildschirm für Fußballübertragungen. **147** *Toblach, Sportzone Gries, Tel. mobil 345-854 74 35; 20.6.–1.9.*

SCHONSPORT: NORDIC WALKING

Wanderwege durch hügeliges Gelände sind fürs Nordic Walking besonders geeignet – beim sanften Auf und Ab wirkt das sportliche Gehen am Stock am intensivsten. Es gibt aber auch spezielle Nordic-Walking-Parks mit Zusatzangeboten wie geführten Touren, Schnupperkursen und Materialverleih.

■ **Villnösser Tal Nordic Walking Park** Neun Laufstrecken mit insgesamt 60 km Länge. *www.villnoess.com*

■ **Nature Fitness Park Kronplatz** Europas größter Nordic-Walking-Park im Pustertal zwischen Pfalzen und Rasen, gesamte Streckenlänge: 275 km. *www.kronplatz.com*

■ **NaturAktiv Park Natz-Schabs** Über 40 km führen durch Apfelgärten, grüne Wiesen und Föhrenwald. *www.natz-schabs.info*

TRAGFÄHIG: REITEN

Im Südtiroler Vinschgau wurden vor 125 Jahren erstmals Haflinger gezüchtet. Die gutmütigen und belastbaren Pferde tragen ihre Reiter trittsicher und bequem durch die Bergwelt.

■ **Herbert's Reitstall & Pferdetrekking.** Reitstall im Ahrntal, berühmt für einwöchige Pferde-Trekkings durchs Ahrntal. Auch Tages- und Halbtagesritte mit Grillen und Lagerfeuer. **148** *Luttach, Weißenbachstr. 8, Tel. mobil 335-538 90 99, www.pferdetrekking.it*

■ **Reiterhof Sulfner.** Hotel mit Reitstall. Unterricht, Ausflüge, Trekking, Kutschfahrten. **149** *Hafling, St. Kathreinstr. 4, Tel. mobil 339-503 03 81, www.sulfner.com*

■ **Panoramahotel Taljörgele.** Im Hotelstall warten 10 Haflinger und 2 Ponys auf Reiter. **150** *Ratschings, Ridnaun, Obere Gasse 14, Tel. 0472-65 62 25, www.taljoergele.it*

WINDKRAFT: SURFEN UND KITESURFEN

Die meisten Autos mit Surfbrettern auf dem Dach brausen auf der Brenner-Autobahn an Südtirol vorbei zum Gardasee. Dabei bläst z. B. am Kalterer See der kräftige Südwind im Frühling und Frühsommer die Segel flott übers Wasser. Der Stausee am Reschenpass, der Reschensee, ist Treffpunkt der Kite-Surfer. Der Wind bläst hier fast täglich, das Wasser erwärmt sich jedoch selbst im Hochsommer kaum über 18 Grad Celsius.

■ **Surfschule Gretl am See.** Die Schule gehört dem dreimaligen Surf-Weltmeister Klaus Maran. **151** *Kaltern, St. Josef am See 18, Tel. 0471-96 00 55, www.gretlamsee.com*

■ **Südtiroler Kiteschule.** Kurse mit Windgarantie. **152** *Graun, Tel. mobil 335-6026836, www.kiteschool.it*

ZUM BALLSPIEL: GOLF

Obwohl allerorts Dreitausender steil in den Himmel wachsen, haben die Golfplatzarchitekten es geschafft, sieben ebene Golfplätze anzulegen: in **153** Corvara (9 Loch, am Fuße des Sellastocks), **154** Karersee (9 Loch), **155** Lana (9 Loch, besonders ebener Verlauf),

Abschlag mit Alpblick in Kastelruth

156 Passeier-Meran (18 Loch, anspruchsvoll), **157** Petersberg (18 Loch), **158** Pustertal (bei Bruneck, 9 Loch) – und seit neuestem auch in **159** Kastelruth (18 Loch): Beim Abschlag von Loch 18 nicht von der Aussicht ablenken lassen: Der Blick auf den mächtigen Schlern ist überwältigend! Zusätzlich gibt es in Südtirol sieben Übungsanlagen, unter anderem in Hotels. *Info: www.suedtirolgolf.it, www.golfsuedtirol.it*

ANNETTE RÜBESAMEN

Und wenn's doch mal regnet ...

... dann ab in eine Ausstellung! Für praktisch jede Südtiroler Spezialität – ob Obst oder Ötzi, ob Berg oder Brauchtum – ist ein Museum gebaut worden

BOZEN

Südtiroler Archäologiemuseum

Ötzi, der vermutlich berühmteste Südtiroler aller Zeiten, ruhte über 5000 Jahre lang unter einem Eispanzer in den Ötztaler Alpen, wo er einst wohl von einem Pfeil aus Feuerstein getötet wurde – in der Kupferzeit, drei Jahrtausende vor Jesu Geburt. Seit 1998 liegt die Gletscher-Mumie aufgebahrt in einem einsehbaren Eisschrank im Bozner Archäologiemuseum. Dort werden auch viele weitere Südtiroler Funde gezeigt, vom Beginn der Mittelsteinzeit (9000 v. Chr.) bis ins frühe Mittelalter (1000 n. Chr.). **160** *Bozen, Museumstr. 43, Tel. 0471-32 01 00, www.iceman.it; 9 €; tägl. außer Mo 10–18 Uhr (letzter Einlass 17.30 Uhr), im Juli/August/Dezember auch Mo*

Museion

Das Museum für moderne und zeitgenössische Kunst ist ein architektonisches Statement: Der langgestreckte Kubus aus Glas und Metall bildet in der Bozner Altstadt einen spannenden Kontrast zu Lauben & Co. Seine großen Fensterfronten bieten ideale Lichtverhältnisse für großformatige Installationen. Noch bis zum 19. September läuft die Ausstellung „Che cosa sono le nuvole?" („Was sind die Wolken?") der Sammlung Righi i Paini, einer der bedeutendsten italienischen Privatsammlungen zeitgenössischer Kunst. **161** *Bozen, Dantestr. 6, Tel. 0471-22 34 11, www.museion.it; 6 €, Do 17–22 Uhr Eintritt frei; tägl. außer Mo 10–18, Do bis 22 Uhr*

MMM Firmian

Reinhold Messners ehrgeiziges Projekt auf Schloss Sigmundskron setzt sich mit dem Thema „Mensch und Berg" auseinander. Die großräumige Anlage gleicht einem Labyrinth von rostigen Eisentreppen, über die der Besucher wie bei einer Bergwanderung seinen eigenen Weg finden muss – zu Skulpturen, Fotografien, Reliquien und bewegenden Zitaten über die Gebirgswelt. **162** *Bozen, Sigmundskronerstr. 53, Tel. 0471-63 12 64, www.messner-mountain-museum.it; 8 €; tägl. außer Mo 10–18 Uhr (letzter Einlass 17 Uhr), Dez. bis Febr. geschl.*

Naturmuseum Südtirol

In 9000 Liter Wasser schwimmen bunte Fische durch Korallenriffe. Was hat dieses riesige Aquarium mit Südtirol zu tun? Viel, denn vor 230 Millionen Jahren wuchsen Teile der Dolomiten als genau solche Riffe in einem urzeitlichen Meer. Das Wasser sank und die Riffe versteinerten zu den wunderschön zackigen Kalkbergspitzen. Bis 5. 9. 2010 läuft im Naturmuseum auch die Ausstellung „®Evolution" – anlässlich des 200. Geburtstages von Charles Darwin. **163** *Bozen, Bindergasse 1, Tel. 0471-41 29 60, www.naturmuseum.it; 5 €; tägl. außer Mo 10–18 Uhr*

DOLOMITEN KRONPLATZ

Südtiroler Landesmuseum für Volkskunde

Herzstück des Freilichtmuseums ist der stattliche Ansitz Mair am Hof aus dem 17. Jahrhundert mit seinen Sammlungen von Trachten, Pfeifen und Zithern. Noch schöner ist das Freigelände: alte Bauernhäuser und Handwerksstätten inmitten altmodischer Blumengärten. **164** *Bruneck, Dietenheim, Herzog-Diet-Str. 24, Tel. 0474-55 20 87, www.volkskundemuseum.it; 5 €; Di–Sa 9.30–17.30 (August bis 18.30 Uhr), So 14–18 Uhr, Mo (außer im August) sowie im Winter geschl.*

MMM Ripa

Wenn der fünfte Standort des Messner Mountain Museums vor- →

Trutzig und trotzig: Um Mensch und Berg geht es im MMM Firmian

aussichtlich im Herbst 2010 eröffnet wird, hat Reinhold Messner sein gigantisches Museumsprojekt komplett. Das MMM Ripa liegt auf Schloss Bruneck. Thema ist nach „Mensch und Berg", „Mythos Berg", „Eis" und „Fels" hier nun die Welt der Bergvölker. Gezeigt werden Exponate aus der Alltagskultur der verschiedenen Bergregionen und deren Bewohner – von den Südtirolern selbst bis zu den Sherpas im Himalaja. **165** *Bruneck, Schloss Bruneck, Tel. 0471-63 12 64, www.messner-mountain-museum.it; geplante Eröffnung im Herbst 2010*

Hervorragend: das Museion, in klarem Kontrast zum beschaulichen Bozen

EISACKTAL

Südtiroler Landesmuseum für Jagd- und Fischerei
Schloss Wolfsthurn mit seiner barocken Architektur und originalem Mobiliar gilt als eines der schönsten Schlösser Tirols. Im 1. Stock beherbergt es eine Sammlung alter Gebrauchsgegenstände von Anglern und Jägern (Pulverhörner, Jagdtaschen oder Jägerbestecke), im 2. Stock schreitet man durch beeindruckende Prunkräume. **166** *Ratschings, Mareit, Kirchdorf 25, Tel. 0472-75 81 21, www.wolfsthurn.it; 4 €; Di–Sa 9.30–17.30, So/Feiertage 13–17 Uhr, 16. Nov. bis 31. März geschl.*

MERANER LAND

Südtiroler Obstbaumuseum
Der Vinschgau ist für seine Marillen berühmt, das Meraner Land baut Pfirsiche an; auch Kirschen, Birnen und natürlich Äpfel liefert Südtirol. In der „Apfelhauptstadt" Lana wird im Ansitz Larchgut die Entwicklung des Obstbaus vom Mittelalter bis in die Gegenwart dargestellt. Ein schönes Pendant sind die wechselnden Ausstellungen zeitgenössischer Künstler im Barocksaal des Adelsguts. **167** *Lana, Brandis-Waalweg 4, Tel. 0473-56 43 87, www.obstbau museum.it; 4 €; Di–Sa 9.30–12.30, 14–17 Uhr, Nov. bis März geschl.*

MuseumPasseier
In den Befreiungskriegen von 1809 führte Andreas Hofer die Tiroler dreimal siegreich in den Kampf gegen Napoleons Truppen. Sein Geburtshaus, der Sandhof in St. Leonhard, erinnert an seine Heldentat. 2009 wurde das Museum neu gestaltet. Die Dauerausstellung „Helden und Hofer" wagt einen neuen, europäisch geprägten Blick auf das Jahr 1809. Im Freilichtbereich Originalgebäude aus dem ganzen Tal. **168** *St. Leonhard in Passeier, Passeirerstr. 72, Tel. 0473-65 90 86, www.museumpasseier.it; 7 €; tägl. außer Mo 10–18 Uhr (Einlass bis 17.30 Uhr), 2. Nov. bis Febr. geschl.*

Archeoparc Schnalstal
Erlebnismuseum mit Blick hinauf zu dem Platz, wo Ötzi 1991 im Gletscher gefunden wurde. Wie hat der Vorfahr vor gut 5000 Jahren gelebt? Wie hat er Feuer gemacht? Was hat er gegessen? Woraus seine Schuhe geflochten? All das wird hier erklärt. Kleine und große Besucher können sich im Feuerschlagen, Töpfern und Flechten üben. **169** *Unser Frau 163, Tel. 0473-67 60 20, www.archeoparc.it; 8 €; tägl. außer Mo 10–18 Uhr, (Juli/Aug. auch Mo), 8. Nov. bis 26. März sowie 11 bis 19. Juli 2010 geschl.*

Schreibmaschinenmuseum
Einst löste die Schreibmaschine in den Büros eine Revolution aus, heute ist sie fast schon ein liebenswertes Relikt. Einer ihrer Erfinder war Peter Mitterhofer aus Partschins. Seine Geburtsstadt widmete ihm dieses bezaubernde kleine Museum. Etwa 1400 Einzelstücke aus über 140 Jahren Geschichte, von 1864 bis heute, wecken nostalgische Gefühle. **170** *Partschins, Kirchplatz 10, Tel. 0473-96 75 81, www.schreibmaschinen museum.com; 5 €; Mo/Fr 15–18, Di–Do 10–12, 15–18, Sa 10–12 Uhr, Nov. bis März geschl. außer Di. 10–12 Uhr*

TAUFERER AHRNTAL

Südtiroler Bergbaumuseum
Mit der Grubenbahn geht's einen Kilometer tief hinein in den Stollen, wo seit dem Jahre 1400 Kupfererz abgebaut wurde. Wie hart die Arbeit der Kumpel früher war, erläutern fachkundige Führer. **171** *Prettau, Hörmanngasse 38a, Tel. 0474-65 42 98, www.bergbau museum.it; 9 €; tägl. außer Mo 9.30–16.30 Uhr (letzte Führung 15 Uhr), Nov. bis Ende März geschl.*

DOLOMITEN ALTA BADIA

Museum Ladin Ćiastel de Tor
Knapp vier Prozent der Bevölkerung Südtirols sind Ladiner. Sie haben eine ganz eigene (rätoromanische) Sprache und Identität. Im Gadertal, wo sie zu Hause sind, ist ihnen ein Museum gewidmet. Im Schloss Ćiastel de Tor wird die Geschichte des ladinischen Bergvolks und seiner Dolomitenheimat dargestellt: detailliert, multimedial, unterhaltsam. **172** *St. Martin in Thurn, Torstr. 65, Tel. 0474-52 40 20, www.museumladin.it; 6 €; Di–Sa 10–18, So 14–18 Uhr (Mo im Aug.), Nov. bis Ostern geschl.*

INFO

Aktuelle Informationen zu allen Südtiroler Museen: *www.provinz.bz.it/museenfuehrer*
Die neue „museumobil Card" erlaubt die unbegrenzte Nutzung des öffentlichen Nahverkehrs inklusive einiger ausgewählter Seilbahnen sowie freien Eintritt zu allen Museen Südtirols. Erhältlich ist die Karte in allen Museen, an den Verkaufsstellen des Südtiroler Verkehrsverbundes und in den Büros der Tourismusvereine. *3-Tages-Karte 16 €/Erw., 7-Tages-Karte 22 €/Erw., Kind (6–12 J.) jeweils 50 % Rabatt*

PETRA MEYER-SCHEFE

Zum Weiterlesen

Hier nimmt GEO SAISON sein Ende. Falls Sie noch nicht genug vom Alpenland bekommen haben, stillen diese Bücher die Sehnsucht nach den Südtiroler Bergen VON **NINA FREYDAG** UND **ANNETTE RÜBESAMEN**

■ **Reise-Taschenbuch Südtirol**
von Reinhard Kuntzke und Christiane Hauch, DuMont, 14,95 €
Die Autoren – ein Politologe und eine Dramaturgin – verbindet eine tiefe Liebe zum „Land im Gepirg". Mit Leidenschaft haben die beiden recherchiert, getestet, nachgefragt, erforscht, was über dieses Land herauszufinden ist. Ergebnis: Viele neue Tipps, von denen man selbst als Südtirol-Kenner noch nichts gehört hat, und gut geschriebene Hintergrund-Essays, z. B. über die Bergbauern oder die nationalsozialistische Optionsabstimmung. Dazu ausgewählte Hotel- und Restaurantadressen – die Mischung stimmt.

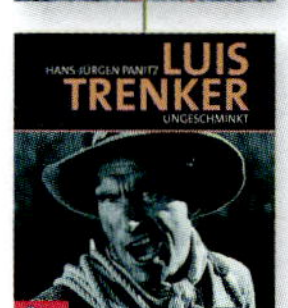

■ **Luis Trenker ungeschminkt. Bilder, Stationen und Bewegungen**
von Hans-Jürgen Panitz, Tyrolia, 39,95 €
Der deutsche Regisseur und Produzent Hans-Jürgen Panitz hat eine Leidenschaft für Bergfilme und für Luis Trenker. Auf 190 Seiten erweist er dem legendären Grödner Bergfex, Schauspieler und Regisseur die Reverenz und zeigt viel bisher unveröffentlichtes Bildmaterial. Hauptsächlich geht es um Trenkers Filmkarriere, die vielseitig beleuchtet wird: Tagebuchauszüge vom schlecht gelaunten Joseph Goebbels kann man lesen, Trenkers Briefwechsel mit dem jüdisch-amerikanischen Produzenten Paul Kohner, aber auch ein paar der lustigen Geschichten, die der Bergmann zehn Jahre lang im Bayerischen Fernsehen vorgetragen hat. Kameramänner und Bergkameraden steuern Anekdoten bei. Schön: die Filmografie mit alten Kinoplakaten und die beiliegende DVD „Sein letztes Interview".

■ **Südtirol**
von Udo Bernhart und Zeno von Braitenberg, Bruckmann, 29,95 €
Dass Südtirol eigentlich kein Land, sondern viele Täler ist, beweist dieser schöne Fotoband. Er beleuchtet die kulturellen Unterschiede und bringt jede Region in ihrer Eigenständigkeit zur Geltung. Wie im Vinschgau kunstvoll Holzschindeln gespalten werden, wo in Überetsch der Spargel wächst, warum die Pusterer so selbstbewusst sind und dass Ladinisch die älteste Sprache des gesamten Alpenraums ist: Autor und Fotograf sind gebürtige Südtiroler, das merkt man jeder Buchseite an. Am Schluss folgt ein gut sortierter Info- und Adressteil.

■ **Südtirol der Frauen. Ein Reise- und Lesebuch**
von Evi Keifl und Anita Rossi, Folio, 13,60 €
Ötzi und Oswald von Wolkenstein, Luis Durnwalder und die Kastelruther Spatzen, Reinhold Messner und Gustav Thöni – wer nach den bekanntesten Namen geht, könnte meinen, in Südtirol lebten nur Män-

... und zum Hören

Edition Wein & Jazz, Vol. 3: Südtirol – Gipfelweine mit mediterranem Charme

von Götz Bühler und Stephan Meyner, Minor Music, Box mit 3 CDs, 29,95 €
Guten Jazz hören, dazu Wein trinken und zwischendrin Winzern lauschen, die über ihren Wein sprechen – das passt. Den dritten Band ihrer Hörbuchreihe „Wein & Jazz" haben die Autoren Götz Bühler und Stephan Meyner Südtirol gewidmet. 13 renommierte Winzer und Kellermeister kommen darin zu Wort. Ihre Erinnerungen und Anekdoten, vorgebracht in knarzendem Tirolerisch, machen das Terroir auch akustisch erlebbar. Zwischen den Wortbeiträgen und auf einer zusätzlichen Musik-CD jazzen u. a. Lisa Bassenge, Pee Wee Ellis und Wawau Adler – perfekte Begleiter auf dieser Sinnesreise.

Andreas Hofer – eine illustrierte Geschichte

von Jochen Gasser und Norbert Parschalk, A. Weger, 17 €

Sogar über Helden darf gelacht werden: Zur 200-Jahr-Feier der Schlachten am Bergisel erschien ein respektloser Comic über den Tiroler Freiheitskämpfer Andreas Hofer, leicht an grüner Joppe und schwarzem Schlapphut zu erkennen, den er nicht einmal im Theater ablegt. Schon als Baby ruft er seiner Mutter mit vollen Windeln „Es isch Zeit!" zu – das Motto, unter dem er seine Mannen zum Kampf gegen Frankreich zusammentrommelte. Seine Lebensgeschichte wird zweigleisig erzählt: Hochdeutsche Kurztexte erklären den Aufstand so einfach und gut, dass auch Kinder ihn verstehen, parallel dazu hüpft der fusselbärtige Hofer mit lustigen Dialekt-Dialogen über die Seiten und greift in Notlagen erst mal zum Rosenkranz. Da bleibt den napoleonischen Soldaten in der Entscheidungsschlacht nur noch ein herzhaftes „Tyroliens de merde (Scheiß-Tiroler)!"

ner. Dass viele Frauen ihre Spuren in der Geschichte hinterlassen haben und Südtirol weiterhin prägen, zeigen die beiden Autorinnen in diesem Buch. Es berichtet von bekannten und unbekannten, vergessenen und übersehenen Südtirolerinnen. Margarete, die letzte Regentin von Tirol, „Gräfin Maultasch" genannt, wird ebenso porträtiert wie Anna Ladurner, Andreas Hofers Ehefrau, oder Clara Petacci, Mussolinis Geliebte. Besonders spannend auch die Geschichte der Wirtstochter aus Prad, die 1838 als erste Frau den Ortler bezwang – Marie Karner war da gerade mal 16 Jahre alt.

■ **Gault Millau Südtirol 2010**
von Karl Hohenlohe, Athesia, 7 €

Wer Punktwertungen und Listen liebt, dem wird dieser kleine Band viel Spaß machen. Da steht etwa, dass der „Passito 2007" des Weinguts Waldgries der höchstgeschätzte Rosenmuskateller ist, mit haargenau 18,5 Punkten so gut bewertet wie sonst nur der Gewürztraminer „Atagis" 2008 des Schwarhofs (siehe S. 122). Lebens- und urlaubsnäher sind die griffigen Kurztexte mit Restaurantbewertungen, die über die reine Anzahl der „Hauben" (so heißen die Sterne des Gault Millau) weit hinausgehen. Und sogar Empfehlungen ohne Haube finden in dem schmalen Buch Platz, sodass man mit seiner Hilfe am Wegesrand köstlich schlemmen kann, ohne danach Privatinsolvenz anmelden zu müssen.

VORSCHAU

Toskana und Umbrien 2010:
Neues aus dem Herzen Italiens.
Ab 4. August im Handel

Schöner schlafen: Elegante Palazzi, gemütliche Bauernhöfe
Design: moderne Möbel made in Tuscany
Chianti-Küche: Rezepte zum Nachkochen
Orvieto: Ein Stadtbilderbogen
Segeltour: Von Elba bis nach Giglio

ZUM NACHBESTELLEN

Unser erstes Südtirol-Heft mit 125 Tipps und Adressen

Südtirol für Genießer 2008
ist für 8 € (zzgl. Versand) zu bestellen beim GEO SAISON-Kundenservice, *Tel. 01805-861 80 01*, E-Mail: GeoSaison-Service@guj.de*

GEOSAISONExtra

IMPRESSUM

Gruner + Jahr AG & Co KG, Druck- und Verlagshaus.
Am Baumwall 11, 20459 Hamburg.
Postanschrift für Verlag und Redaktion:
20444 Hamburg.
Tel. 040-37 03 37 12, Fax 040-37 03 56 80
E-Mail: swiderek.judith@geo.de
Internet: www.geo-saison.de
ISBN: 978-3-570-19903-9

Herausgeber: Peter-Matthias Gaede
Chefredakteur: Lars Nielsen
Geschäftsführende Redakteurin: Kornelia Dietrich
Textchefin: Meike Winnemuth (fr. Mitarbeit)
Art Direction: Christina Schäfer
Textredaktion: Nina Freydag (fr. Mitarbeit)
Bildredaktion: Anja Jöckel
Schlussredaktion: Adelheid Molitoris (fr. Mitarbeit)
Schlussgrafik: Jasmin Emrani (fr. Mitarbeit)
Dokumentation: Maria-Rosaria Ragazzo (fr. Mitarbeit)
Bildarchiv: Frauke Körting
Redaktionssekretariat: Judith Swiderek
Honorare/Spesen: Karin Fust

Verantwortlich für den redaktionellen Inhalt: Lars Nielsen
Verlagsleiter: Dr. Gerd Brüne
Anzeigenleiterin: Martina Hoss
Gesamtanzeigenleiterin: Helma Spieker
Vertriebsleiterin: Ulrike Klemmer, DPV Deutscher Pressevertrieb
Marketing: Antje Schlünder (Ltg.), Patricia Korrell
Herstellung: Oliver Fehling

GEO SAISON-Kundenservice Abonnements- und Einzelheftbestellung:
Deutschland:
DPV Deutscher Pressevertrieb, GEO SAISON-Kundenservice 20080 Hamburg, Kundenservice: Tel. 01805-861 80 01*, Fax 01805-861 80 02*, Mo–Fr 7.30 bis 20 Uhr, Sa 9 bis 14 Uhr (pers. erreichbar), E-Mail: GeoSaison-Service@guj.de
24 Std.-Online-Kundenservice: www.meinabo.de/service
Schweiz und übriges Ausland:
GEO SAISON-Kundenservice, Postfach, CH-6002 Luzern
Tel. 041-329 22 20, Fax 041-329 22 04
E-Mail: geo-saison@leserservice.ch
Österreich:
GEO SAISON-Kundenservice, Postfach 5,
A-6960 Wolfurt, Tel. 0820-00 10 85, Fax 0820-00 10 86
E-Mail: geo-saison@aboservice.at
Anzeigenverkauf: Korinna Koschek,
Tel. 040-37 03 22 48, Fax 040-37 03 17 22 48
Anzeigendisposition: Carola Kitschmann,
Tel. 040-37 03 23 93, Fax 040-37 03 58 87
Anzeigenpreisliste Nr. 22 vom 1. Januar 2010. Bankverbindung: Deutsche Bank AG, Hamburg, Konto 0329367, BLZ 200 700 00.

* **Die 01805-Nr. kostet 14 Cent pro Minute aus dem deutschen Festnetz. Mobilfunkpreise maximal 42 Cent pro Min.**

Reproduktion und Druck: MOHN Media Mohndruck GmbH, Gütersloh, Printed in Germany

BILDNACHWEIS

(nach Seiten, Anordnung im Layout: l. = links, r. = rechts, o. = oben, M. = Mitte, u. = unten)

Titel: Clemens Zahn
Editorial: Hauke Dressler: 3 o.; Stefano Scatà: 3 u.
Inhalt: Stefano Scatà: 4 l.o., 5 u.; PR-Foto: 4 r.o., Helmuth Rier: 4 l.u.; Clemens Zahn 4 r.u.; Alexander Alber: 5 l.o.; Peter Rigaud: 5 r.o.
Aperitivo: Tibor Bozi/Corbis: 6; Othmar Seehauser/Südtirolfoto: 7 o. (2), 11 u.; PR-Foto: 7 u. (5), Helmuth Rier/Südtirolfoto: 8 o., 12 l.o.; Stefano Scatà: 8 l.u., 9 r.o., 13; Udo Bernhart/Südtirolfoto 8 r.u.; Handelskammer Bozen/Frieder Blickle 9 l.; Arne Schultz: 9 M.; Helmuth Rier/SMG: 10 o.; Alex Filz: 10 l.u.; Max Lautenschläger/SMG: 10 r.u.; PR-Foto: 11 o.; PR-Foto: 12 r.o., Maria Gius: 12 l.u. (4); Klara Hutter: 12 r.u.
Kalender: Othmar Seehauser/Südtirolfoto: 14
Panorama: Clemens Zahn: 16–27; außer Johanna Huber/Sime/Bildagentur Huber: 21
Interview: Kurt Gritsch: 28 o.; Othmar Seehauser/Südtirolfoto: 28 M.; Stockfood: 28 u., 29 r.u.; Helmuth Rier/Südtirolfoto: 29 o.; Peter Rigaud: 29 M. o.; aus Knaurs großem Weltatlas, 2004: 29 M.u.; Maria Gapp: 29 l.u.
Hotels: PR-Foto: 30/31, 32 o.; Stefano Scatà: 32 u., 33 (4), 35 M., 36 u.–39 l.u., 40 u. (2), 41; Agentur Tappeiner: 34 u. 35 o. und u.; PR-Foto: 36 o. und M.; PR-Foto: 39 u.; PR-Foto: 40 l.o.; Clemens Zahn: 40 r.o.
Familienhotels: PR-Foto: 42, 43
Gletscher: Helmuth Rier: 44–52
Bergtouren: Othmar Seehauser/Südtirolfoto: 54, 56; Udo Bernhart/ Südtirolfoto: 55, 57
Meran: Clemens Zahn: 58/59; Franco Coglio/Sime/Bildagentur Huber: 59 o., 65 r.u., 67; Lucca Gusso/Bildagentur Huber: 59 M.; Mario Rabensteiner: 59 u.; Marco Blasich: 60; PR-Foto: 61 o.; privat: 61 M.; PR-Foto: 61 u.; PR-Foto: 62 o.; privat: 62 M.; Helmuth Rier/Südtirolfoto: 62 u.; Manuela Prossliner: 63 o.; Susi Innerhofer und Karl Stanzel: 63 u.; Stefano Scatà: 64 o. (2), Othmar Seehauser/Südtirolfoto: 64 u.; Georg Tappeiner: 65 l.o., 66 u.; privat 65 r.o.; Martin Pechlaner: 65 l.u.;
Koch: Stefano Scatà: 68–73
Rezepte: Stefano Scatà: 74–82, außer: die bildstelle/McPhoto: 75 u.; die Kleinert: 81 o.; Stockfood: 82 u.
Porträts: Peter Rigaud: 85, 88–92; Clemens Zahn: 86/87
Restaurants: PR-Foto: 94/95; Ulli Myrzik und Manfred Jarisch: 97 (3); Stefano Scatà: 98 (2); Besteck: Archiv Christofle, Gläser: Pepin Press aus „Tischkultur und Lebensart", Christian Verlag, 2007
Blasmusik: Georg Tappeiner: 100, 102 l. M., 104 l., 105 M., 108 l., 108 u.; Peter Rigaud: 101–110
Wein: Stefano Scatà: 112–118
Weinstars: PR-Foto: 120; Udo Bernhart/ Bildagentur Huber: 122
Bauernhöfe: Stefano Scatà: 124–129, 132/133; PR-Foto: 130/131 (4); PR-Foto: 134 (2); PR-Foto: 136 (3)
Südtirol Aktiv: Marion Lafogler/ Südtirolfoto: 138, 139 o.; Helmuth Rier/ Südtirolfoto 139 u.
Museen: Othmar Seehauser/Südtirolfoto: 140; Ludwig Thalheimer/Museion: 141
Bücher: Andrea Engelke: 145 o.
Poster: Gräfenhain/Bildagentur Huber: o.; Orthmar Seehauser/Südtirolfoto: u.

KARTEN/ILLUSTRATIONEN
Poster: Christian Kuhlmann, Waltraut Seegers: zum Heraustrennen auf Seite 146